Anerkennungen

Mein tiefster Dank geht an Tom Freiling von Creation House. Du hast geglaubt, daß ich ein Buch in mir trug, und mich ermutigt, mehr zu schreiben, als du je geahnt hast.

An die gesamte Creation House Belegschaft: Danke für all eure Unterstützung. Alyse, alles, was du getan hast, hat dieses Buch verbessert. Steve und Joy, ich danke euch, daß ihr John und mir zur Seite gestanden seid, damit diese Bücher produziert und für andere erhältlich gemacht werden konnten.

An meine Mutter: Du warst eine Quelle der Ermutigung, der Stärke und der Inspiration.

An meine vier großartigen Söhne:

Addison, als Erstgeborenen habe ich dich am längsten geliebt; ich bin stolz darauf, was für ein Junge du jetzt bist und was für ein Mann du eines Tages sein wirst. Du bist sanft und mutig, ehrlich und aufgeweckt.

Austin, du bist mein „Löwen - Häschen"; stark und doch einfühlsam. Ich liebe deine Kreativität und deinen Gerechtigkeitssinn.

Alexander, du bist meine „Frohnatur"; du wächst heran, bist süß und stark.

Arden, du bist ein Kind, in dem ein Feuer brennt und Entschlußkraft steckt, und doch besitzt du im Ausgleich dazu ein demütiges Herz.

Ich liebe jeden von euch mehr, als ich sagen kann.

Meine größte Liebe und Anerkennung gilt meinem Mann, Freund und Mitstreiter. John, mögen wir nie zufrieden sein, bis wir Seine Herrlichkeit offenbart sehen.

An Gott, meinen Vater: Du weißt, daß nicht ich dieses Buch geschrieben habe, sondern daß es durch die Inspiration deines Geistes entstanden ist. Ich danke dir für dieses Vorrecht, gebe dir alle Ehre, und bin dir ewig dankbar.

Inhalt

Vorwort
von
John Bevere

Was bist du wert? Wie wirst du eingeschätzt? Die Antworten auf diese Fragen sollten im Herzen und im Denken eines jeden Menschen fest verankert sein. Allem und jedem auf dieser Erde wird ein bestimmter Wert beigemessen. Wir würden keine 400.000 DM für ein Haus bezahlen, das nur 100.000 DM wert ist. Und wenn wir es dennoch täten, wäre dies nicht nur ein unrentabler Einkauf.... sondern ein Verlust.

Jesus stellte folgende Frage: *„Was hülfe es dem Menschen, wenn er die ganze Welt gewönne und nähme doch Schaden an seiner Seele?“* (Matth. 16, 26 Luther) Diese Frage verdeutlicht die Wahrheit, daß es für uns ein Verlustgeschäft wäre, wenn wir uns selbst für den Reichtum, die Macht, den Einfluß und die Weisheit dieser Welt hingeben würden. Denke einmal darüber nach: Wenn wir den Wert, den wir selbst haben, gegen jede Firma, alles Gold, alles Geld und alle Reichtümer, die diese Erde besitzt, eintauschen würden, wäre dies ein unrentables Geschäft. Doch viele würden sich schon für weitaus weniger irdische Reichtümer hingeben.

Was bist du also wert? In Joh. 3, 16 heißt es: *„Denn so hat Gott die Welt geliebt, daß er seinen eingeborenen Sohn gab...“.* Gott hat Seinen Sohn im Tausch für dich hingegeben. *„...denn ihr wißt, daß ihr nicht mit vergänglichen Dingen, mit Silber oder Gold, erlöst worden seid von eurem eitlen, von den Vätern überlieferten Wandel, sondern mit dem kostbaren Blut Christi ...“* (1. Petr. 1, 18-19). Wenn du der einzige Mensch auf der Erde gewesen wärst, wäre Jesus trotzdem für dich gestorben! Gott macht niemals unrentable Geschäfte, und auch du würdest nicht wissentlich mehr für ein Produkt bezahlen als es wert ist. In Gottes Augen bist du als einzelner soviel wert wie das Leben Seines Sohnes!

Viele Gläubige erkennen diese Tatsache zwar verstandesmäßig an, doch sie schlagen niemals Wurzeln in dieser Wahrheit. Dieses Buch enthält überzeugende Lehrinhalte und Beispiele, die diese Wahrheit beleuchten. Nachdem ich erst die Hälfte des Manuskripts gelesen hatte, ging ich zu meiner Frau, um ihr mitzuteilen, daß es nur eine einzige Sache gäbe, die ich zu bemängeln hätte. Betroffen fragte sie: „Und was wäre das?" Ich antwortete: „Der Titel deines Buches wird keinen Mann dazu veranlassen, dein Buch zu lesen."

Die wahre Größe einer Frau enthält einige der grundlegendsten Wahrheiten aus Gottes Wort, die ich jemals gelesen habe. Es ist augenöffnend. Es spornt an. Dein Leben wird sich ändern. Ich behaupte aus voller Überzeugung, daß die Zeilen, die du lesen wirst, aus dem Herzen Gottes stammen! Vertiefe dich mit offenem Herzen in dieses Buch, und du wirst eine Veränderung deiner Person erleben. Ich möchte jeden Leser um einen Gefallen bitten: Wenn dieses Buch einen positiven Einfluß auf dein Leben gehabt hat, dann gib ein Exemplar davon an einen Mann weiter und bitte ihn, jedes Wort darin zu lesen! Wenn er dich daraufhin etwas merkwürdig anschaut, dann sage ihm: „John Bevere hat gesagt, daß jeder Mann dieses Buch lesen sollte!"

Ich habe das Glück, seit beinahe fünfzehn Jahren mit Lisa verheiratet zu sein. Ihr Leben ist ein Beispiel für Gottesfürchtigkeit und Tugend. Ich vertraue ihr rückhaltlos, und das kannst auch du! Gott hat ihr eine Botschaft für Sein Volk anvertraut. Du hast dieses Buch nicht zufällig in die Hand bekommen, sondern Gott hat es so gewollt! Möge Gott dich bereichern, während du es liest!

Einleitung

Es ist Gott ein Vergnügen, uns auf das Schlachtfeld zu stellen, um uns dort mit unseren größten Ängsten, zu konfrontieren. Auf diese Weise unterweist Er unsere Hände zum Kampf und unsere Finger zum Krieg (Ps 144:1). Im Jahr 1982 gab mir Gott den Auftrag, Frauen zu dienen. Zum damaligen Zeitpunkt veranlaßte mich dies, in Tränen auszubrechen: „Nicht den Frauen, Gott! Allen anderen, bloß nicht den Frauen! Ich gehe überall hin, aber bitte zwinge mich nicht dazu, vor Frauen zu stehen!"

Ich hatte kein Herz für Frauen; die meiste Zeit ärgerte ich mich über sie. Ich hatte kein Vertrauen zu ihnen. Ich kam besser mit Männern zurecht. *Die sagten wenigstens, was sie meinten, und meinten, was sie sagten.* Frauen dagegen bedienten sich meiner Meinung nach einer unklaren und mißverständlichen Sprache, die mir nicht geläufig zu sein schien. Anscheinend sagte ich immer genau das Verkehrte.

Ich ging mit meinem Kummer zu einem wunderbaren Mann, der mich als seine geistliche Tochter angenommen hat. Ich teilte ihm mit, was Gott mir vorgelegt hatte. „Ich bin nicht wie sie!", klagte ich. „Sie sind alle so süß, sie lächeln immer und sagen die ganze Zeit \`Preis den Herrn!´ - und dann..."

„...dann fallen sie dir in den Rücken?", brachte er meinen Satz zu Ende.

„Na ja, nicht *alle"*, stammelte ich. „Ich passe einfach nicht dazu. Ich glaube, mit mir stimmt etwas nicht." Ich war den Tränen nahe und senkte meinen Blick.

Dieser liebenswürdige Mann nahm meine Hand, schaute mir in die Augen und sagte etwas, das mich befreite. „Lisa, du *sollst* gar nicht dazu passen. Gott hat dich so gemacht wie du bist. Versuche nicht, wie alle anderen zu sein." Und er fuhr fort: „Überall gibt es Frauen, die verletzt sind. Deshalb verletzen sie andere. Du mußt Gott bitten, dir Sein Herz für Frauen zu schenken. Dies geschieht oftmals durch die Schmerzen, die du selbst durchmachst."

Wie sich herausstellen sollte, waren seine Worte nur zu wahr! Dieses Buch verkörpert den Schrei meines Herzens. Es ist ein Buch für jeden, der das Gefühl kennt, nicht dazu zu passen. Es ist für all diejenigen, denen es so vorkommt, als ob sie immer von draußen reinschauen, und die sich wünschen, daß es noch mehr gibt als das, was sie bisher gesehen haben. In diesem Buch geht es nicht nur um Frauenangelegenheiten, es geht um Herzensangelegenheiten. Gott ruft uns dazu auf, mehr zu sein, als wir jemals waren - mehr zu sein, als wir uns jemals vorstellen können.

Gleich zu Beginn dieses Buches möchte ich dich auffordern, beim Lesen anders als gewohnt vorzugehen. Ich möchte, daß du mit diesem Buch *arbeitest* und es nicht einfach still liest. Ich würde mich freuen, wenn du es wagst, die Themen, die in diesen Seiten angeschnitten werden, aufzugreifen, anzupacken und dich realistisch mit ihnen auseinanderzusetzen. Ich wünsche mir, daß die Wahrheiten in diesem Buch in die Maschinerie deines Lebens eingearbeitet werden. Das wird nur dann geschehen, wenn du diese Wahrheiten auf persönlicher Ebene anwendest.

Das ist leichter gesagt als getan. Es ist stets einfacher, dich gefühlsmäßig von einem Buch zu distanzieren und dessen Inhalte nur gedanklich zu verfolgen, während du selbst unberührt davon bleibst. Doch auf diese Weise kommt es zu keiner Veränderung. Es ist die Wahrheit, die wir *leben*, nicht die Wahrheit, die wir *wissen*, die uns frei macht. Um solche Wahrheiten zu finden, müssen wir *ehrlich mit uns selbst* sein, einige Fragen *beantworten*, und dann unsere Ansichten über bestimmte Dinge *ändern*.

In dem Maße, wie du ehrlich, offen und transparent bist, wird das Licht von Gottes Wort dich erleuchten. Nur Gottes Wort kann das Kostbare vom Unreinen trennen.

Zur Vervollständigung empfehle ich dir, ein Tagebuch zu führen oder dir ein Notizbuch zuzulegen, während du mit diesem Buch arbeitest. Es werden Fragen gestellt, die nur du beantworten kannst, und es ist wichtig, daß du diese Antworten festhältst, bevor du fortfährst. Diese Fragen werden dir vielleicht auch deine eigenen beantworten, Fragen, die du aufschreiben solltest, damit du sie später während deiner Gebetszeit vor den Vater bringen kannst.

Dadurch, daß ich etwas von dir verlange, kommt eine gewisse Verantwortlichkeit ins Spiel. Vielleicht möchtest du dieses Buch als Grundlage für ein gemeinsames Studium innerhalb einer Gruppe verwenden oder als persönlichen Leitfaden während deiner Gemeinschaft mit Gott. Entscheide selbst, auf welche Weise dieses Buch als Studienmaterial am zweckmäßigsten für dich sein wird. Mache es zu deiner vorrangigsten Sache, dein Leben auf die göttlichen Wahrheiten zu gründen. Ich lade dich ein, mit mir auf dem Weg der Wahrheit voranzugehen.

- Lisa Bevere
Orlando, Florida

Gott erweckt in uns eine Wißbegierde,

wenn Er möchte, daß wir beginnen,

nach Antworten auf unsere Fragen zu suchen.

1

Fragen stellen

„Ich preise dich darüber, daß ich auf eine erstaunliche, ausgezeichnete Weise gemacht bin."

- Psalm 139, 14a

Dieses Buch ist der Höhepunkt meiner andauernden Suche nach Antworten auf eine Reihe von Fragen, die mich seit meinen Teenagerjahren beschäftigt haben. Es sind Fragen, die - wie ich glaube - jeder Frau, ganz gleich was für ein Leben sie führt oder welche Erfahrungen sie gemacht hat, im Auf und Ab der verschiedenen Lebensphasen durch den Kopf gehen. Es sind wirklich einfache Fragen - Fragen wie: „Wie füge ich mich in die Welt um mich herum ein und in welcher Beziehung stehe ich zu ihr?" und „Welchen Wert mißt man mir bei?"

Obwohl ich glaubte, die Antworten auf diese Fragen zu kennen, hatte ich vor kurzem die Gelegenheit, sie in einem neuen und anderen Licht zu sehen. Ganz unerwartet, in einem Augenblick, wußte ich, daß sich meine Ansichten für immer verändern würden.

Ich war vor der Unruhe und dem Lärm in meinem Haus, das von vier jungen Söhnen beansprucht wurde, in das Büro meines Mannes geflüchtet, um dort die abendliche Stille und die Menschenleere zu genießen. Ich hatte mir diesen Raum ausgesucht, um ein Radiointerview zu meinem Buch „Außer Kontrolle und darüber begeistert" zu geben. Obwohl dieser Titel die Vorstellung von enormer Energie und jeder Menge Aktivität erweckt, wußte ich, daß die Zuhörer trotzdem einen ruhigen Hintergrund schätzen würden, während ich über mein Buch sprach. Radiosendungen sind wunderbar, und ich bin entspannt, weil ich von niemandem gesehen werde. Ich wartete also, bekleidet mit einer Baseballkappe und einem Trainingsanzug, auf den Anruf meiner Interviewerin, da das Programm per Telefon aufgezeichnet und später ausgestrahlt werden sollte.

Einige Wochen zuvor hatte ich mit Sarah, meiner Interviewerin, gesprochen, um einen Termin für die Sendung zu vereinbaren und sie kennenzulernen. Sie war nett und ein Profi. Sie war so ehrlich, mir zu gestehen, daß sie mein Buch noch nicht gelesen hatte und daß sie es wahrscheinlich nur kurz überfliegen konnte, bevor wir wieder miteinander sprechen würden. Sarah erklärte mir, daß sie so viele Bücher zum Durchsehen bekam, daß sie kaum ein Buch von vorne bis hinten durchlesen konnte, bevor sie den Autor interviewte. Sie schlug vor, daß ich mir einige Fragen ausdachte und einige Diskussionspunkte vorschlug, über die ich sprechen wollte. Sie sagte, sie würde einige Minuten vor dem eigentlichen Interview anrufen, damit wir gemeinsam meine Fragen durchgehen konnten.

Da saß ich nun im leeren Büro meines Mannes, wo es still war, und blätterte in meinem Buch herum, machte mir Notizen am Rand und knickte die Ecken der Seiten um, die wichtige Stichpunkte enthielten. Dabei betete ich, daß diejenigen, die dieses Interview hören sollten, ihr Radio einschalteten, und daß es vor allen Dingen Gott ehren sollte. Ich wartete, ein bißchen nervös, und ahnte nicht, welche Wirkung das Interview auf mich selbst haben sollte.

Das Klingeln des Telefons zerriß die Stille und schreckte mich auf. Es war Sarah, doch dieses Mal klang sie begeistert: „Ich möchte jetzt nicht sprechen und deine Antworten für die Sendung schmälern, aber ich habe dein Buch *gelesen*! Und wir müssen unbedingt ein paar Dinge ansprechen. Ich habe meine Fragen vorbereitet. Und ich möchte dein `Tratsch-Kapitel´ in unserem Interview besonders hervorheben!"

Das *„Tratsch-Kapitel"*! In diesem Kapitel hatte ich mir überhaupt nichts unterstrichen! Sarahs Begeisterung hatte mich völlig aus der Bahn geworfen. Ich hatte vorgehabt, über das Kapitel, in dem das Thema Wut behandelt wurde, zu sprechen. Hektisch schlug ich die Seiten um, machte Eselsohren und bekritzelte hastig noch einige Haftnotizzettel. Ich holte tief Luft und dachte an die Frage, die mir mein Mann immer dann stellte, wenn er mich wieder einmal bei einem nervösen Panikanfall vor einem Interview ertappte: „Hast nicht *du* dieses Buch geschrieben?" Natürlich hatte er recht, *ich hatte es geschrieben,* und das „Tratsch-Kapitel" war sehr persönlich!

Die darauffolgende Stunde diskutierten Sarah und ich darüber, daß Frauen dazu neigen über andere zu reden und was die unterschwelligen Beweggründe dafür waren - hauptsächlich steckte ... Angst dahinter. Sarah hatte jegliches professionelle Verhalten abgelegt, als sie die Sendung mit dem ehrlichen, gestammelten Bekenntnis begann, daß sie selbst zum Tratschen neigte. Sie bat die Zuhörer, die sie ja nicht sehen konnte, eindringlich, offen zu sein und sich in diesem Bereich ihres persönlichen Lebens verändern zu lassen. Sie gestand, daß sie Klatsch von Berufs wegen immer als eine Art „Datentransfer" betrachtet habe.

Die Fragen von Sarah erwiesen sich als tiefschürfender als die, die ein unbeteiligter Interviewer normalerweise stellen würde. In ihnen hallten der Aufschrei und die Begeisterung eines suchenden Herzens nach, das plötzlich auf die Wahrheit gestoßen war. Wir tauschten uns vor den Zuhörern aus, flehten und beteten gemeinsam für sie. Als das Interview zu Ende war, setzten wir unsere Unterhaltung fort. Sarah vertraute sich mir noch mehr an und schließlich beteten wir miteinander. Nachdem ich den Hörer aufgelegt hatte, kam es mir so vor, als hätte ich mich gerade von einer Mitstudentin verabschiedet, die mit mir das Zimmer teilt. Einen Augenblick blieb ich noch allein in dem Bewußtsein sitzen, daß soeben etwas Besonderes passiert war.

Austausch auf Herzensebene

Obwohl ich diese Frau noch nie gesehen hatte, hatte ich den Eindruck, sie sei mir vertrauter als die meisten Frauen, die ich persönlich kannte. Ich wußte nicht, ob sie jung oder alt, reich oder arm, dick oder schlank, schwarz oder weiß, blond, braun- oder rothaarig war. Ich hatte nicht die Möglichkeit gehabt, ihre Mimik oder ihre Körpersprache zu beobachten, während wir miteinander sprachen.

Ich konnte nicht feststellen, ob sie wie eine Geschäftsfrau gekleidet war oder Freizeitkleidung trug. Und doch hatte ich das Gefühl, ich würde sie kennen.

Schließlich dämmerte es mir, daß diese freundschaftlichen Bande vielleicht niemals entstanden wären, wenn wir uns persönlich getroffen hätten. Ganz unbewußt hätten wir einander begutachtet, und unser Urteil wäre sehr stark nach unserem visuellen Eindruck ausgefallen. Obwohl ich sie in einer Menschenmenge niemals wiedergefunden hätte, hatte ich das Gefühl, ich würde diese Frau, die Sarah hieß, besser kennen als einige meiner Nachbarn. Ich hatte sie nicht *gesehen*, aber ich hatte sie *gehört* - nicht die aufgesetzte Fassade von ihr, sondern sie, wie sie *wirklich* war. Ich hatte etwas von ihr gehört, was ich nie hätte sehen können, denn sie hatte mir ihr Herz offenbart.

Der Heilige Geist nutzte diesen besinnlichen Augenblick und mischte sich in meine Gedanken, die sich geradezu überschlugen, indem Er sagte: *„Auf dieselbe Weise kenne ich dich."* Er flüsterte: „Ich kann dich nicht sehen, weil du in Christus verborgen bist. Ich kann dich nur hören. Es sind deine Worte und das, was dein Herz mir ununterbrochen mitteilt."

Das stimmte! Da ich nicht aus eigenem Bemühen vor Gott gerecht werden konnte, war mir durch das Erlösungswerk die Gerechtigkeit Jesu zuteil geworden. Gott konnte mich, so wie ich war, nicht anschauen, deshalb wurde ich in das Sühneopfer, das Jesus Christus erbracht hatte, eingetaucht. Vergleichbar mit diesem Radiointerview war es für den Heiligen Geist nicht maßgeblich, wie ich aussah; das einzige, was zählte, war, was ich sagte. Natürlich hatte der Heilige Geist eine andere „Frequenz", die selbst der leistungsstärkste Satellit nicht empfangen konnte. Seine Wellenlänge war die stille Kommunikation meines Herzens!

Das ist einerseits gut, andrerseits schlecht! Gut deshalb, weil Gott sich im Gegensatz zu uns nicht von dem beeinflussen läßt oder nach dem urteilt, was Er sieht... und schlecht, weil ich dazu neige, den sichtbaren Dingen mehr Beachtung zu schenken als dem, was man nicht sehen kann. Das bedeutet, daß ich mich häufig unbewußt an Maßstäben messe, von denen Gott überhaupt keinen Gebrauch macht! Schlecht auch, weil ich, obwohl ich in bestimmten geistlichen Bereichen schon gewachsen war - wie beispielsweise, wenn es um das Bekennen ging, auf dem stürmischen, unerbittlichen Schlachtfeld meiner Gedankenwelt immer noch nicht den Sieg errungen hatte.

An diesem Abend nahmen mein Mann und ich einen längst überfälligen Termin wahr: Wir gingen zusammen essen. Beim Essen erzählte ich ihm, was sich an diesem Nachmittag während des Radiointerviews ereignet hatte. Ich erklärte John, auf welche Weise Frauen Dinge betrachten. Ich gebrauchte verschiedene Beispiele, um aufzuzeigen, daß Frauen zu Konkurrenzdenken neigen und einander häufig nach dem äußeren Erscheinungsbild beurteilen. Ich gab zu, daß ich auch an mir selbst diese Tendenz festgestellt hatte, und gestand ihm, wie sehr es mich frustrierte, wenn ich bemerkte, daß man mich nach dem beurteilte, wie ich aussah oder was ich anhatte. Sicherlich war ich nicht die einzige, die darunter litt. In meinem Herzen hatte ich eine verzehrende Sehnsucht nach der Wahrheit. Ich hatte es satt, all die Ausreden zu hören, die ich bis dahin immer so bereitwillig akzeptiert hatte: „Du kennst doch die *Frauen;* so sind sie eben!" oder, „Das ist *typisch Frau*!" Solche Aussagen klingen im ersten Moment plausibel, doch sie entsprechen nicht der Wahrheit!

Ich wollte die göttliche Wahrheit herausfinden und keine Ausreden mehr gelten lassen, nicht einmal für mich selbst! Das bedeutete, ich würde einige Schichten freilegen müssen, so wie man bei einer Zwiebel die äußere, trockene Haut abzieht - ich würde mich durch die verschiedenen Schichten der falschen Annahmen und unkorrekten Informationen durcharbeiten müssen, um schließlich auf die reine Wahrheit zu stoßen.

Fragen und Antworten

Gott erweckt in uns eine Wißbegierde, wenn Er möchte, daß wir beginnen, nach Antworten auf unsere Fragen zu suchen. Wenn wir etwas lernen wollen, müssen wir zunächst Fragen stellen. Es ist nicht immer angenehm, Fragen zu stellen. Ging es dir in der Schule auch so, daß du etwas fragen wolltest, aber dich nicht trautest, weil du Angst hattest, man würde dich für dumm halten? Oder der Lehrer fragte dich etwas und du warst dir nicht sicher, ob deine Antwort die richtige war?

Nun, hier ist die Frage, mit der wir uns in diesem Buch noch oftmals auseinandersetzen werden: *Was ist die wahre Größe einer Frau?*

Du könntest eine x-beliebige Anzahl von Menschen auswählen und würdest eine Menge unterschiedlicher Antworten erhalten. Die Antworten würden je nach Kultur, Geschlecht und Alter des Befragten variieren. Wenn du ein Kind im Vorschulalter fragen würdest, würdest du feststellen, daß das Bild, das es von einer Frau hat, maßgeblich von seiner Mutter geprägt worden ist. Ein älteres Kind würde zum Vergleich noch Lehrerinnen, Sportlerinnen und Schauspielerinnen heranziehen. Ein junger Erwachsener oder Teenager mißt eine Frau anhand des Maßstabes, der durch Models, berühmte Hollywood-Persönlichkeiten oder die kulturellen Einflüsse ihrer Altersgruppe vorgegeben werden, wie eine Frau aussehen und was sie anziehen soll. Nun sind die körperlichen und geschlechtlichen Unterschiede festgelegt worden, und sie überschatten die zuvor unverdorbene Vorstellung des Kindes von einer Frau.

Wenn wir spezifischer vorgehen und nur eine bestimmte Gruppe von Frauen fragen würden, würden wir wiederum andere Antworten erhalten. Persönliche und offenherzige Antworten, die man nur dann bekommt, wenn keine Männer in der Nähe sind.

Ich glaube jedoch nicht, daß wir bei solchen öffentlichen Befragungen nach persönlichen Meinungen auf die Antwort stoßen, nach der wir suchen. Auch unsere eigenen Erfahrungen oder die anderer werden uns dabei nicht weiterhelfen, denn sie sind zu begrenzt. Ebensowenig finden wir die Antwort in unserer Kultur. Sie wirft in sich selbst schon genügend Fragen auf, die sie aufgrund der eigenen Unbeständigkeit und dem vorherrschenden Geist dieser Welt nicht beantworten kann. Wir könnten auch unsere Mütter fragen, doch wie wir sind die meisten von ihnen selbst noch auf der Suche nach der richtigen Antwort.

Im Augenblick richte ich meine Frage nicht an eine bestimmte Personengruppe. Ich mache keine öffentliche Umfrage, sondern ich frage dich persönlich - obwohl ich weiß, daß ich deine Antwort vermutlich niemals erfahren werde. Das geschriebene Wort hat die Kraft, direkt in die geheime Welt deiner Gedanken einzudringen. Ich kann weder deine Stimme hören, noch was du antwortest. Mittels dieser beschriebenen Buchseiten können du und ich auf eine so vertraute, nonverbale Weise kommunizieren, wie es nicht einmal möglich wäre, wenn wir uns gegenüber sitzen würden.Vielleicht hast du dir schon überlegt, wie deine Antwort ausfallen wird. Jetzt möchte ich dich bitten, dir einen Moment Zeit zu nehmen und deine Antwort in die folgenden Zeilen zu schreiben:

Was ist die wahre Größe einer Frau?

____

____

____

Du denkst vielleicht, „Mensch, wenn ich das wüßte, würde ich doch dieses Buch nicht lesen!“ Denke daran, was wir in der Einführung festgestellt haben. (Wenn du sie nicht gelesen hast, dann hole es bitte nach.) Dieses Buch verlangt deine Mitarbeit, nicht nur deine gedankliche Zustimmung. Um zu lernen, reicht es nicht nur aus, etwas zur Kenntnis zu nehmen, wir müssen auch wirklich verstehen, was wir bereits wissen. Es ist zwingend notwendig, daß wir beide zusammenarbeiten, auch wenn du das im Moment vielleicht schwierig oder mühselig findest. Es kann auch sein, daß es dir schwerfällt, diese Frage exakt zu beantworten. Das ist in Ordnung, beantworte sie, so gut du kannst. Und wenn dir überhaupt nichts einfällt, dann schreibe: „Ich habe keine Ahnung!“ Die Hauptsache ist, daß du ehrlich bist. Dies ist keine Prüfung, und deine Antworten werden nicht benotet. Niemand wird deine Antworten jemals zu Gesicht bekommen, wenn du sie nicht zeigen willst. In diesem Buch geht es lediglich darum, die Wahrheit herauszufinden.

Die wahre Größe einer Frau

Ich maße mir nicht an, auf jede Frage des Lebens die Antwort zu kennen, aber dieses Buch ist eine Botschaft die aus meinem tiefsten Inneren kommt und direkt an dein Herz gerichtet ist, und ich glaube, daß in ihm auch der Herzschlag unseres Vaters zu spüren ist. Wir werden uns mittels dieser stummen Seiten unterhalten - und ich bete, daß die Kraft des Heiligen Geistes die ganze Zeit über mit uns ist, während wir verschiedene Themen miteinander besprechen, damit wir Seine Weisheit erkennen.

Ich möchte dich dazu anspornen, dich mit mir gemeinsam auf die Suche nach der wahren Größe einer Frau zu machen. Inzwischen bist du bestimmt schon neugierig geworden! Wenn du diese Seite umblätterst und die göttliche Wahrheit liest, wird es dir wie Schuppen von den Augen fallen. Laß Ihn mit Seinem Licht deine Augen öffnen!

Bete mit mir:

Himmlischer Vater, laß mich durch dein Wort und deinen Geist deine Wahrheit erkennen. Herr, gib mir Augen, die sehen, Ohren die hören und ein Herz, das empfänglich ist und versteht. Und vor allem, Herr, gib mir ein williges und formbares Herz, das deine Wahrheit glaubt und danach handelt, damit sie in meinem Leben deine göttliche Frucht bringt. Ich erlaube dir, meine Ansichten zu ändern. Gib dich mir zu erkennen, denn du bist der Weg, die Wahrheit und das Leben. Amen.

Und du kannst davon überzeugt sein, daß Er das tun wird!

Fragen stellen

Wir müssen unseren Blickwinkel

und die Art und Weise,

wie wir Dinge betrachtet haben, völlig verändern,

wenn wir Gottes Willen erkennen wollen.

2

Schränke ausmisten

„Und seid nicht gleichförmig dieser Welt, sondern werdet verwandelt durch die Erneuerung des Sinnes, daß ihr prüfen mögt, was der Wille Gottes ist: das Gute und Wohlgefällige und Vollkommene."

- Römer 12,2

Hast du eine Antwort aufgeschrieben? Während wir weiterforschen, wirst du deine Antwort vielleicht ändern oder erweitern wollen, blättere aber trotzdem nicht zurück, um deine ursprüngliche Antwort umzuformulieren. Deine erste Antwort (selbst wenn du geschrieben hast „Ich weiß es wirklich nicht!") wird dir als Maßstab dienen, anhand dessen du später feststellen kannst, wieviel du gelernt und wie sehr du dich verändert hast. Sie wird dir einen Anhaltspunkt liefern, von dem du mit deiner Arbeit ausgehen kannst. Wenn wir von Herzen bereit sind zu lernen, sollten wir nicht die Augen davor verschließen, was unser Ausgangspunkt war, denn er ist ein wichtiger Teil auf dem Weg zu unserem Ziel. In diesem Anfangsstadium dienen unsere Antworten ausschließlich dazu, einzuschätzen, wo wir uns befinden.

Bis jetzt gibt es noch keine richtigen oder falschen Antworten. Wir können immer noch etwas dazulernen, und deshalb sollten wir auch immer offen bleiben. Mich beeindrucken ältere, weise Frauen, die trotz allem noch bereit sind, von anderen zu lernen. Wenn ich sie beobachte, denke ich mir: *So möchte ich auch sein*! Nur als sehr junges und unerfahrenes Mädchen hörte ich auf niemanden als auf meine gleichaltrigen Freunde.

Während unserer Nachforschungsarbeiten werden wir noch weitere Fragen stellen und sie auch beantworten. Deine Antworten werden dich vielleicht selbst überraschen. Es könnte wiederum der Fall sein, daß du antwortest, „Ich weiß es nicht!", was hoffentlich in dir das tiefe Verlangen weckt, die Wahrheit herauszufinden.

Ordnung ins Chaos bringen!

Unsere Suche nach der Wahrheit könnte man mit dem Ausmisten eines Kleiderschrankes vergleichen. Meistens räume ich ihn nur dann auf, wenn es unbedingt sein muß. Und das ist dann der Fall, wenn mir das Durcheinander und die Unordnung darin so peinlich ist, daß ich es nicht mehr ertragen kann. Erst dann kann ich mich entschließen, meinen Schrank aufzuräumen und zu säubern. Es gibt auch andere Umstände, die mich in meinem Vorhaben anspornen, ihn zu putzen und neu zu ordnen. Es kann sein, daß ich jemanden getroffen habe, der ein Kleidungsstück, das unbenutzt in meinem Schrank hängt, sehr gut gebrauchen könnte. Es könnte auch sein, daß ein Umzug eine solche Räumaktion erforderlich macht. Der Wunsch, den Schrank aufzuräumen, kann sich auch ganz plötzlich eingestellt haben, nämlich nachdem ich nichtsahnend ins Schlafzimmer gegangen war und einen Pullover aus dem Fach gezogen hatte - woraufhin der ganze Stapel umkippte und sämtliche Pullover auf mich herabpurzelten und auf dem Fußboden landeten. Nun fühle ich mich eindeutig herausgefordert, ich miste den Schrank aus und nehme das Duell an, fest entschlossen, Ordnung zu schaffen.

Ich gehe also zum Gegenangriff über, sammle alle herumliegenden Kleidungsstücke zusammen, räume die Fächer leer und nehme die Kleider von den Bügeln, die noch im Schrank hängen. Ich hole all die Sachen rasch heraus und werfe sie aufs Bett, und die Teile, die dort keinen Platz mehr haben, lege ich aufs Sofa im Wohnzimmer. Nachdem der Schrank nun leer ist, sauge ich den Schrankboden ab, wobei ich die verstreut herumliegenden Wäschereizettel, Sicherheitsnadeln und das Kleingeld aus den Taschen aufsammle. Mein Schrank wirkt jetzt viel größer und längst nicht mehr so bedrohlich, und nun bin ich bereit, ihn neu zu ordnen und die Kleidungsstücke wieder einzuräumen. Ich begutachte jedes Stück, bevor ich es wieder aufhänge oder in ein Fach lege. Dabei stelle ich mir eine Reihe von Fragen. *Brauche ich dieses Umstandskleid überhaupt noch, wenn ich nicht vorhabe, noch ein Kind zu bekommen?* Der Verstand schaltet sich dazwischen und argumentiert: *„Das hast du nach dem zweiten Kind auch gedacht!"* Doch ich bleibe stur. *Nein, ich werde es weggeben!*

Ich mache auch andere Feststellungen, wie: „Oh, *das* habe ich ja schmutzig in den Schrank gehängt!" ... „Auf dieses Kleid habe ich schon einen Flecken gemacht, als ich es das erste Mal anhatte." ... „Dies hier ist einfach zu teuer gewesen, um es jetzt wegzuwerfen." ... „Vielleicht gibt es bald ein neues Waschpulver auf dem Markt, mit dem ich diesen drei Jahre alten Flecken herausbekomme!" ... „Nein! *Wirf es weg,* Lisa!"

Ich komme zu dem Schluß, daß im Schrank einfach kein Platz mehr für meine Wintersachen ist. Also verstaue ich sie irgendwo anders. Nachdem ich all die leeren Kleiderbügel ausrangiert habe, die sich seit meiner letzten Aufräumaktion vermehrt zu haben scheinen, stelle ich fest, daß ich dadurch Platz für einige weitere Kleidungsstücke gewonnen habe. Da nun alle überflüssigen und unbrauchbar gewordenen Teile entfernt worden sind, habe ich nun genügend Stauraum für die wichtigen Kleidungsstücke - die Sachen, die ich wirklich brauche.

Während dieses Prozesses wird mir eine wichtige Wahrheit deutlich. Oftmals kann ich mein geistliches Wohlbefinden daran messen, wie sehr ich darum kämpfe, etwas behalten zu dürfen.

Es gibt auch begeisternde Augenblicke bei einer solchen Aktion, weil ich manchmal verloren geglaubte Dinge wiederfinde oder Sachen entdecke, die ich schon vergessen hatte. Wenn ich etwas verlegt habe, durchsuche ich ein wenig beunruhigt Mantel-, Jacken- oder Hosentaschen, Handtaschen und aufgestapelte Kleidungsstücke, weil ich befürchte, es *nicht* zu finden. Bevor ich keine Ordnung ins Durcheinander gebracht habe, kann ich nicht wissen, ob das, was ich suche, nicht irgendwo in einer dunklen Ecke meines Schrankes herumliegt. Wenn ich meinem Mann, nachdem ich alles ausgeräumt habe, gestehe, daß ich den Gegenstand immer noch nicht gefunden habe, hilft er mir sogar beim Suchen. (Bis dahin war sein Kommentar immer gewesen: „Du wirst es finden, wenn du deinen Schrank ausmistest!")

Die harten Themen in Angriff nehmen

In diesem Buch werden wir uns auf den „Schrank" stürzen, der unsere Gedanken beinhaltet. Es ist sehr viel einfacher, wenn du diese Aufgabe nicht alleine bewältigen mußt. Ich werde dir dabei helfen. Ich werde *mit dir* diese Situation konfrontieren. Es gibt viele Kleidungsstücke (Erlebnisse in der Vergangenheit) und Accessoires (Gedankenabläufe), die du nie wieder tragen solltest. Sie sind aus der Mode gekommen, passen nicht mehr und nehmen zudem noch den Sachen den Platz weg, die du jetzt tragen solltest. Manche Stücke solltest du wegwerfen. Andere solltest du jemandem geben, der Verwendung dafür hat.

Fang an: Stelle fest, was sich in deinem Schrank befindet. Sind es Sachen, die du sicherheitshalber aufbewahrt hast, falls sie eines Tages wieder in Mode kommen? Waren sie einmal „in", doch nun sind sie „out"? (Bedenke, der Stil der Mode und die damit verbundenen Ereignisse wiederholen sich nie in genau derselben Weise... also wirf sie weg!) Hast du inzwischen keine Verwendung mehr für sie (wie ich beispielsweise für meine Umstandskleider), aber jemand anderer könnte sie vielleicht sehr gut gebrauchen? (Wir halten Dinge frisch und lebendig, indem wir sie an die nächste Generation weiterreichen; wenn wir sie dagegen zurückbehalten, setzen sie Staub an und werden muffig.)

Gib von der Treue Gottes und Seiner Versorgung in deinem Leben weiter und teile sie mit anderen. Wenn wir diese „Kleidungsstücke" - unsere Erlebnisse mit Gott - an andere weiterreichen, können wir denen helfen, die in manchen Bereichen noch mit Schwierigkeiten, die wir bereits überwunden haben, zu kämpfen haben. Wenn wir auf diese Weise weitergeben, bauen wir dadurch unseren eigenen Glauben auf, weil wir darin bestärkt werden, ein weiteres Mal darauf zu vertrauen, daß Gott Seine Treue unter Beweis stellen wird.

Manche Teile sind mit Schuld beschmutzt und müssen im Wort Gottes gewaschen werden, bevor man sie wieder tragen kann. Andere haben Flecken, die nicht mehr herausgehen; weine ihnen nicht nach - wirf sie einfach weg! Sie stellen die verschiedenen

Enttäuschungen und Fehler der Vergangenheit dar - die Dinge, die wir vergeben und vergessen sollten. Im Schrank stoßen wir auf Stücke, von denen wir dachten, sie seien verloren gegangen. Und schließlich entdecken wir, daß einige Sachen gar nicht in den Fächern unseres Schrankes zu finden sind.

Einen Schrank auszumisten ist vergleichbar mit der Erneuerung unseres Sinnes.

> *„Und seid nicht gleichförmig dieser Welt, sondern werdet verwandelt durch die Erneuerung des Sinnes, daß ihr prüfen mögt, was der Wille Gottes ist: das Gute und Wohlgefällige und Vollkommene."*
>
> \- Römer 12, 2

Wir sind bestrebt, die göttliche Wahrheit abzuwägen, anzuerkennen und in unserem Leben anzuwenden. Dazu ist nichts Geringeres notwendig als eine Veränderung unserer Denkweise. Wir müssen die Art und Weise, wie wir Dinge betrachten und beurteilen, völlig ändern, um den Willen Gottes erkennen zu können. Sein Plan ist nicht im Tohuwabohu der menschlichen Ratschläge noch im System dieser Welt zu finden. Wir können gewiß sein, daß der Plan Gottes für uns an drei Merkmalen zu erkennen ist:

1. Er ist zu unserem Besten.

2. Er ist Ihm wohlgefällig.

3. Er ist vollkommen.

Und er ist niemals unangemessen, obwohl es manchmal zunächst den Anschein hat, es sei mühsam, ihn zu erfüllen. Gott geht es letztendlich mehr um unseren *Zustand* als um unsere *Bequemlichkeit.* Das bedeutet, daß es durchaus vorübergehende Zeiten geben wird, die beschwerlich sind, doch sie sind notwendig, um unser ewiges Heil zu erwirken. Was Gott für uns geplant hat, resultiert aus Seiner zeitlosen Weisheit und hat auf jeden Fall Klasse. Seine Vorhaben sind fehlerlos, ohne irgendwelche Mängel oder Makel und vollkommen. Gott möchte deine geistige Garderobe völlig neu ausstatten.

Ebenso wie in unserem Kleiderschrank können sich auch in unserer Gedankenwelt die weltlichen Trends und Maßstäbe ansammeln. Die Kleidungsstücke beziehungsweise Denkprozesse erwecken vielleicht in den ersten paar Jahren, nachdem wir sie uns zugelegt haben, den Anschein, als gehörten sie in unseren Schrank. Doch mit der Zeit sehen sie abgetragen aus und passen nicht mehr. Sie sind zu eng oder zu weit geworden, zu lang oder zu kurz. Solange wir unseren Schrank - unser Denken - nicht in regelmäßigen Abständen ausmisten und neu einräumen, sind wir nicht in der Lage, Gottes Wahrheit zu prüfen und in unserem Leben anzuwenden.

Der Maßstab, der entscheidet, was wir an Gedankenabläufen behalten und was in den Regalfächern bleiben darf, muß in jedem Fall Gottes Wort sein. Da mit diesem Buch die Absicht verbunden ist, die Wahrheit zu ergründen und sie in die Tat umzusetzen, so unangenehm dies auch anfangs erscheinen mag, müssen wir zunächst einige Schränke aufräumen. Sich selbst überlassen, sammelt unser Verstand ein wildes Durcheinander von Gedanken an. Und dieser Wirrwarr muß aussortiert, neu geordnet und der Unrat beseitigt werden. Wenn wir den Unrat nicht aussondern, haben wir nicht genügend Platz für die Weisheit und die neuen Eindrücke, die Gott uns vermitteln möchte.

Wie kleine Kinder

Wenn ich meine Kinder von der Schule abhole, fangen sie oft, kaum daß sie ins Auto gesprungen sind, aufgeregt an zu erzählen, welche neuen Weisheiten sie an diesem Tag gelernt haben. Und meistens beginnen sie mit der Frage: „Mama, hast du gewußt...?" Häufig habe ich die Informationen, die sie mir mitteilen, irgendwo in den hintersten Winkeln meines Gedächtnisses gespeichert, doch um die Begeisterung meiner Kinder nicht zu dämpfen - und weil ich unbedingt ihre Version hören möchte - ,antworte ich: „Erzähl schon!" Daraufhin senken sie ihre hohen Stimmen, sprechen langsamer mit einem ernsten, beinahe schulmeisterlichen Unterton und berichten, was sie Neues in einem der naturwissenschaftlichen Fächer, in Mathematik oder Geschichte gelernt haben.

Durch ihren Eifer werden mir die betreffenden Informationen wieder ins Gedächtnis gerufen, und gleichzeitig denke ich an die Zeit zurück, in der ich all diese Dinge gelernt habe. Und wenn die Jungs dann mit ihrem Vortrag fertig sind, schließen sie meistens wieder mit der Frage, mit der alles angefangen hat: „Hast du das gewußt, Mama?“

Ehrlich gestehe ich: „Ja - aber ich hatte ganz vergessen, daß ich das weiß, weil ich dieses Wissen lange Zeit nicht benutzt habe.“ Meine Antwort überrascht sie. In ihrem Alter wird nahezu alles, was sie lernen, aktiv gespeichert, weil sie von dem, was sie dazugelernt haben, Gebrauch machen, um noch mehr zu erfahren. Deshalb enthalten ihre geistigen „Schränke“, die mit Warenhäusern vergleichbar sind, in denen reger Betrieb herrscht, nur „Kleidungsstücke“, die aktuell sind und ständig getragen werden.

Jesus ermahnt uns, wir sollen das Reich Gottes wie Kinder aufnehmen (siehe Matth. 18,3).

Damit fordert Er uns nicht auf, unreif zu sein oder uns kindisch zu benehmen, sondern wir sollen eine kindliche Haltung haben. Eine typisch kindliche Eigenschaft ist, wißbegierig zu sein. Meine Kinder bringen mich manchmal mit ihren unzähligen Fragen bis zur Erschöpfung, doch ein Kind, das keine Fragen stellt, wird auch nichts lernen. Und ein Kind, dem keine Fragen gestellt werden, wird nicht auf die richtige Weise ans Lernen herangeführt. Aus diesem Grunde werden die Kinder in jedem Schuljahr geprüft. Auf diese Weise soll festgestellt werden, ob sie das, was sie gelernt haben, auch anwenden können.

Als meine Kinder die Schule wechselten, wurden sie geprüft, denn man wollte sich vergewissern, daß sie sich das Wissen angeeignet hatten, das sie für ihre Weiterbildung im neuen Umfeld benötigten. Wenn wir eine kindliche Haltung bewahren, werden wir immer belehrbar bleiben.

Gott hat uns so geschaffen, daß wir auf unsere Umwelt mit Begeisterung, Ehrfurcht und Staunen reagieren. Dieses Staunen wird uns drängen, Fragen zu stellen. Ich finde es herrlich zu beobachten, mit welcher Freude mein zweijähriger Sohn Dinge erforscht und wie seine Augen anfangen zu strahlen, wenn er etwas Neues entdeckt oder gelernt hat. Wenn ich ihn hochhebe, damit er ein Blatt an einem Baum anfassen kann, ist er so begeistert, daß er seine Arme noch höher streckt, damit er nach dem ganzen Ast greifen kann. Für ihn ist jede Entdeckung ein Abenteuer, ein neues Werkzeug, das er benutzen kann, um die Welt um sich herum besser zu verstehen.

Wir Erwachsenen sollten auf dieselbe kindliche Weise mit dem Leben umgehen, doch oftmals sind die Schränke unseres Denkens zu überladen mit längst überholten Informationen und einer zynischen Weltanschauung. Ohne daß wir uns dessen bewußt sind, verzerrt dieser Unrat in jedem Bereich unsere Wahrnehmung. Um Raum für Neues zu schaffen, müssen wir das Alte loswerden: die Art und Weise, wie wir früher geurteilt haben; die Maßstäbe, an denen wir uns selbst in der Vergangenheit gemessen und nach denen wir andere beurteilt haben; die Grenzen, die uns die Angst in unserem Leben gesteckt hat; unsere öde Vergangenheit, die wir hinter uns lassen müssen. Wir werden auf diese verschiedenen, unnützen Anhängsel einzeln und ausführlich eingehen. Da ich selbst eine Frau bin, weiß ich, wo du stehst - auch wenn ich vielleicht nicht genau weiß, was dein Hintergrund ist.

Ich möchte nicht den Eindruck bei dir erwecken, ich sei von Natur aus eine unverbesserliche Optimistin. Das bin ich nicht. Jedesmal, wenn ich morgens aufwache, trifft mich erneut der Schock, daß es schon wieder Morgen ist. Und dann muß ich mit Erstaunen feststellen, daß mein Mann schon längst wach und sofort guter Dinge ist, im Gegensatz zu mir. Bevor ich nicht ins Bad getaumelt bin und geduscht habe, bekomme ich kaum meine Augen auf. Doch im Laufe des Tages kann ich wieder all die erstaunlichen Wunder sehen: wie weich eine Babyhaut ist, die Lieblichkeit in den Augen meiner Kinder, das Sonnenlicht, das durch die Bäume von draußen auf meinen Frühstückstisch fällt, und wie erstaunlich schmutzig eine Küche nach nur einer Mahlzeit sein kann!

„Warum ich, Herr?"

Ich bin genauso weit wie du. Als Frau, Ehefrau und Mutter von vier Söhnen muß ich mit denselben Schwierigkeiten kämpfen wie du. Dazu kommt noch, daß ich einen Mann habe, der mindestens einmal in der Woche auf Reisen ist, der unter Termindruck Bücher überarbeitet und schreibt und außerdem vielerlei andere Büroarbeiten erledigen muß. Und als ob das nicht genug wäre, bin ich selbst häufig als Sprecherin unterwegs.

Oftmals, wenn ich mich völlig ungeeignet und unfähig gefühlt habe, habe ich Gottes Entscheidung, mich zu wählen, in Frage gestellt. Eine solche Frage- und Antwortstunde ereignete sich, während ich gerade unter der Dusche stand (eine der wenigen Gelegenheiten, wo ich ungestört nachdenken kann) und mich darauf vorbereitete, zu einer großen Anzahl von Frauen zu sprechen. Ich hatte meinen jüngsten Sohn dabei, den ich immer noch stillte und der sich die ganze Nacht hin- und hergeworfen hatte, weil er in dem fremden Hotelzimmer nicht gut schlafen konnte. Im Augenblick saß er neben meinen Füßen in der Duschwanne, damit ich ein Auge auf ihn werfen konnte, und spielte.

Während ich auf ihn hinuntersah, fragte ich mich: *Was mache ich hier? Ich habe in den vergangenen drei Jahren schon viermal zu diesen Frauen gesprochen. Ich habe das Gefühl, als ob ich ihnen nichts mehr zu sagen habe. Gott, du solltest dir einen Profi für solche Dinge suchen - nicht eine stillende Mutter!*

In diesem Moment reagierte ich mich einfach ab, ohne eine Antwort zu erwarten. Doch während ich versuchte, meinen klitschnassen Sohn aus dem Duschvorhang zu befreien, bekam ich sie trotzdem.

„Dir geht es genauso wie ihnen! Deshalb wirst du nicht von oben herab zu ihnen reden. Du kannst mit ihnen fühlen. Sei ehrlich und offen, dann werden sie mich in dir sehen."

Zu dem Zeitpunkt konnte ich mich nicht im Spiegel sehen, weil er wegen des Wasserdampfes im Badezimmer beschlagen war. Ich zweifelte immer noch, doch ich spürte langsam einen Frieden in mir aufsteigen.

Als ich später an diesem Morgen den überfüllten Gottesdienstraum betrat, kam die kraftvolle Gegenwart Gottes über mich. Sie war greifbar nahe, und ich konnte sie spüren, als ob jemand hinter mich getreten wäre und mir einen Mantel übergeworfen hätte. Das tröstete mich. Trotzdem überschlugen sich meine Gedanken, und ich hatte tausend Fragen, während ich zum Rednerpult ging: *Was mache ich hier?* In meinem Herzen wußte ich die Antwort.

Alles andere als vollkommen

Ich bin schon bei vielen Frauenseminaren gewesen. Manchmal wußte ich schon, als der Sprecher zum Rednerpult ging, daß es schwierig für mich werden würde. Das, was gesagt wurde, und das Bild, das die Sprecher porträtierten, erweckte in mir die Vorstellung, daß ihr Leben, ihre Kinder und ihre Ehe vollendet waren und sie finanziell gesegnet und im Überfluß lebten.

Im Vergleich dazu kam ich mir wie ein Versager vor. Obwohl ich so sein *wollte* wie sie, befürchtete ich, daß ich ganz anders war ... einfach nicht perfekt.

Ich hörte mir ihre vollkommenen Botschaften genauestens an, machte mir sogar umfangreiche Notizen. Und wenn ich auch verstandesmäßig mit den Prinzipien übereinstimmte, die sie lehrten, von Herzen konnte ich es nicht. Ich verließ einige dieser Veranstaltungen mit einer Liste von Ratschlägen, die, wie mir schien, in meiner Situation nicht anwendbar waren. Ihr Vorschlag, ein entspannendes Bad zu nehmen und mir mehr Zeit für mich zu nehmen, ließ sich nicht mit meinem geschäftigen Leben vereinbaren. Aus anderen Veranstaltungen ging ich völlig niedergeschlagen hinaus. Wenn ich es doch nur schaffen würde, öfters in meiner Bibel zu lesen und jeden Tag drei Stunden zu beten, dann wäre alles in Ordnung! Aus welchem Grunde auch immer, schienen ihre Worte meiner ohnehin schon schweren Last noch etliche Kilo hinzuzufügen. Diese Frauen beeindruckten mich und schüchterten mich zur gleichen Zeit ein.

Über die Jahre hatte ich eine Gelegenheit nach der anderen zu entdecken, daß das Leben, das diese Sprecher vorgaben zu führen, und das, das sie lebten, sich enorm voneinander unterschied. Sie dachten, daß sie Gott ehren und den Anschein erwecken konnten, perfekt zu sein, wenn sie *in ihrem Handeln* Vollkommenheit vortäuschen würden.

Nun war ich an der Reihe. Würden meine Zuhörer von mir beeindruckt sein? Nein, denn dazu gab es keinerlei Grund. Mir war viel wichtiger, daß sie sich sicher fühlten. Mein Wunsch war, daß sie sich frei fühlten, denn ich wollte sie aus der Reserve locken, damit Gottes Wort in ihr Herz dringen konnte. Ich wollte sie entwaffnen, indem ich sie wissen ließ, daß ich nicht vorhatte, sie einzuschüchtern oder zu verletzen. Ich hatte gelernt, daß die Zuhörer eher bereit waren, eine *Botschaft* anzunehmen, wenn sie sich mit dem *Überbringer der Botschaft* identifizieren konnten.

Ich berichtete in aller Offenheit von dem Wort, das Gott in meinem Leben eingebettet hatte. Dabei teilte ich sowohl gute als auch schlechte und unangenehme Erlebnisse mit. Denn in Wirklichkeit sind es unsere schwachen Bereiche, in denen Gott uns mit Seiner Stärke salbt. Tränen liefen ihnen übers Gesicht, während ich sprach, denn was sie hörten, war nicht mehr nur meine Stimme, sondern Seine Stimme, die in meiner mitklang. Sie erkannten in mir ihre eigenen Ängste und Versagen wieder. Durch meine Ehrlichkeit ermutigt, faßten sie sich nun selbst ein Herz und waren ehrlich mit sich selbst. Ich war ein Spiegel, der ihre eigenen Befürchtungen und Kämpfe reflektierte. Weil sie sich mit mir identifizierten, fiel es ihnen nun leichter zu glauben, daß Gott, der mir geholfen hatte, dasselbe gewiß auch für sie tun würde.

Am Ende der Versammlung strömten diese Frauen unter Tränen der Freude und der Buße nach vorne. Ich schloß mich ihnen an, und wir weinten in Ehrfurcht vor der liebevollen, spürbaren Gegenwart Gottes. Wir hatten Ihm unser Herz ausgeschüttet, und Er hatte unsere Opfer angenommen.

Mut, um voranzugehen

In demselben Geist schreibe ich auch dieses Buch. Ich schreibe es nicht etwa deshalb, weil ich meine, alles zu wissen. *Das ist nicht der Fall!* Ich schreibe, weil ich von ganzem Herzen glaube, daß Gott mich beauftragt hat, die Dinge, die Er mich gelehrt hat, weiterzugeben. Ich schreibe dir, weil ich weiß, daß du nicht sehr viel anders bist als ich. Wir werden mit denselben Schwierigkeiten, Verletzungen und Siegen konfrontiert. Es ist nicht meine Absicht, dir zu sagen, was du tun sollst, sondern ich möchte dich auf einer Suchaktion begleiten. Wir sind Schwestern, obwohl ich gar keine habe.

Ich werde ganz offen und ehrlich sein. Vorspiegelungen falscher Tatsachen sind kraftlos und können niemandem helfen. Lehre ohne praktische Anweisung, wie man sie in die Tat umsetzen kann, belastet uns nur.

Deshalb verspreche ich dir, daß ich dir nichts, was dir meiner Meinung nach helfen wird, vorenthalten werde. Du sollst Gelegenheit haben, von meiner Dummheit, meinen Mißgeschicken und Fehlern zu lernen.

Im Gegenzug dazu bitte ich dich, dasselbe zu riskieren. Wage es, offen und ehrlich mit dir selbst zu sein. Was wir verborgen halten, wird uns irgendwann binden und gefangennehmen. Im Schatten von Scham und Verdammnis gedeiht es am besten.

Das Evangelium, das wir predigen, reicht bis über die ewige Hoffnung, die wir haben, hinaus, weil Jesus vom Tod auferstanden ist und die Menschen mit Gott versöhnt hat. Es ist ein Evangelium, das uns Kraft verleiht, während wir jetzt und hier leben, und Seine Wahrheit wird in jeden Bereich unseres Lebens vordringen, wenn wir uns dem Einfluß Christi nicht entziehen und Ihm erlauben, unser Leben zu verändern.

Jede einzelne von uns muß ihren ganzen Mut zusammennehmen und die Masken fallen lassen, hinter denen sie sich versteckt hat.

Sogar in der Gemeinde verhalten sich manche so, als ob sie gar keinen Erlöser nötig hätten. Die Wahrheit ist jedoch, daß wir alle gesündigt haben und für die Herrlichkeit untauglich geworden sind. Unsere Schränke sind vollgestopft mit Unrat.

Manchen gefällt das. Sie fühlen sich wohl inmitten dieses Wirrwarrs. Sie fühlen sich sicher, solange sie an der Vergangenheit festhalten. Sie werden dir sagen, sie hätten keinen Platz mehr für andere Dinge, weil ihre Schränke jetzt schon aus allen Nähten platzen, und sie werden steif und fest behaupten, sie wüßten schon alles, was sie wissen müssen. Sie sind mit dem, was sie haben, zufrieden.

> *„Der Satte tritt Honig mit Füßen; aber dem Hungrigen ist alles Bittere süß."*
>
> \- Sprüche 27,7

Die falschen Informationen und all den weltlichen Unrat aus unserem Leben zu entfernen, mag uns zunächst bitter erscheinen. Doch während wir uns der Dinge entledigen, die uns nur für eine gewisse Zeit zufriedenstellen können, werden wir bald feststellen, daß unser Verlangen, so zu handeln, stärker wird. Solange wir satt sind, wird nicht einmal „Honig", nämlich die Weisheit Gottes, unseren Appetit anregen. Sie wird dir wie das zweite Dessert nach einem mehrgängigen Festtagsschmaus erscheinen, das dir zu Beginn des Essens das Wasser im Mund zusammenlaufen ließ, doch nun reicht allein der Anblick aus, um dich gequält aufstöhnen zu lassen.

Ich glaube, daß du hungrig bist, und aus diesem Grunde investierst du deine kostbare Zeit, um dieses Buch zu lesen. Ich bin davon überzeugt, daß du mehr möchtest, als du bis jetzt hast, und daß du deshalb bereit bist, dich Gott mehr hinzugeben.

Deshalb habe ich nun noch einige Fragen, die du beantworten sollst. Denke noch einmal daran, daß dies keine Prüfung ist. Ich habe diese Fragen wieder im übertragenen Sinn formuliert, so als würden wir einen Schrank ausmisten, doch in Wirklichkeit befassen wir uns mit den Dingen, die wir in unserem Herzen aufbewahren. Die Fragen sind einfach, damit wir herausfinden können, in welcher

Verfassung sich dein Herz befindet, und du kannst deine Antworten in die nachfolgenden Leerzeilen schreiben. Oder wenn du sie ganz für dich behalten möchtest, kannst du sie auf ein separates Stück Papier oder in ein Tagebuch schreiben:

Macht dich der Gedanke, den Schrank deiner Gedanken auszuräumen, nervös?

___

Wenn ja, bist du trotzdem bereit, es zu tun?

___

(Ich habe die ersten beiden Fragen so gehalten, daß du sie mit *Ja/Nein* beantworten kannst, um dir zu zeigen, daß du es kannst!)

Nenne einige der Dinge, die du vermutlich in deinem Schrank finden wirst und die weggeworfen werden müssen? Mache bitte ganz genaue Angaben. Zähle alle befleckten Teile aus deiner Vergangenheit auf, die ausrangiert werden müssen.

___

___

___

Welche wertvollen Stücke mußt du weiterreichen? Denke an die Umstandskleidung! Berichte über Gottes nachweisliche Treue.

___

___

___

___

Mit wem würdest du diese Sachen gerne teilen?

___

___

___

___

Gibt es irgendwelche Teile, die in Gottes Vergebung gewaschen werden müssen?

___

___

___

Schämst du dich wegen des Unrats, der sich in deinem Schrank befindet?

___

___

___

Bist du bereit, Platz für die neuen Dinge zu schaffen, indem du die alten hinauswirfst?

___

Wir können die Wahrheit

erst dann richtig einordnen,

wenn wir sie in unserem eigenen Herzen

angenommen haben.

3

Ehrliche Maßstäbe

„Richtet nicht, damit ihr nicht gerichtet werdet! Denn mit welchem Gericht ihr richtet, werdet ihr gerichtet werden, und mit welchem Maß ihr meßt, wird euch zugemessen werden."

- Matthäus 7, 1-2

Aufrichtigkeit und Wahrheit werden immer über die Lüge triumphieren. In der Welt ist es üblich zu lügen. In Gottes Königreich gibt es wahre Maßstäbe. Man mißt zwar nicht in Zenti- und Millimetern, doch trotzdem existieren festgelegte Maßeinheiten. Dabei kommt es nicht auf die mengenmäßige Steigerung dieser Einheiten an; Gott verwendet Maßeinheiten, um das Ausmaß zu definieren, das Er uns zurückgibt.

Diese Tatsache entdecken wir immer wieder in Gottes Wort. Wir können die Wahrheit nicht beurteilen, bis wir die Wahrheit kennen und sie für uns selbst anwenden. Ohne eine klare und präzise Sichtweise werden wir die Wahrheit nicht erkennen, wenn sie sich vor uns erhebt. Es ist unbedingt notwendig, daß wir zuvor alle Hindernisse beseitigen, die uns den Weg zur Wahrheit versperren. Wir werden gewarnt:

„Richtet nicht, damit ihr nicht gerichtet werdet! Denn mit welchem Gericht ihr richtet, werdet ihr gerichtet werden, und mit welchem Maß ihr meßt, wird euch zugemessen werden."

- Matthäus 7, 1-2

Wenn wir andere richten, werden auch wir gerichtet werden. Das ist eine geistliche Gesetzmäßigkeit. Während ich eines Tages meine Haare fönte, verurteilte ich in Gedanken eine Freundin, die mich verletzt hatte. Ich sagte mir, *Ich habe schon immer gewußt, daß sie so ist. Ich werde ihr aus dem Weg gehen!*

Die wahre Größe einer Frau

Diese Frau hatte mir schon mehrere Male weh getan. Über die Jahre war es mit unserer Freundschaft ständig auf und ab gegangen. In einem Augenblick waren wir die besten Freunde, und im nächsten die erbittertsten Feinde, ohne daß es einen plausiblen Grund für diesen Gesinnungswechsel gegeben hätte. Irgendwann kam sie dann wieder auf mich zu, um unsere Beziehung aufzufrischen, und der Kreislauf wiederholte sich. Es war offensichtlich, daß Klatsch mit im Spiel war, und so beschloß ich schließlich, daß ich endgültig mit ihr fertig war.

Nachdem ich diese Entscheidung getroffen hatte, erwartete ich, daß ich mich nun erleichtert fühlen würde, doch statt dessen war ich bedrückt, nachdem der Heilige Geist mich überführt hatte. Ich verteidigte meinen Standpunkt: „Ich bin *im Recht;* sie ist einfach so!"

Gott, der alleinige Richter

Sofort nahm ich wahr, daß der Geist Gottes mich fragte: „Möchtest du, daß ich dasselbe über *dich* sage?"

Ich war fassungslos; schließlich ging es hier nicht um mich! Was hatte *ich* mit der Sache zu tun? Ich redete von *ihr.* Der Heilige Geist fuhr fort: „Wenn du jemanden verurteilst, sagst du damit, daß sich die betreffende Person nie ändern wird und du dich deshalb nicht mit ihr versöhnen mußt. Wenn du jemanden richtest, muß ich auch dich richten. Willst du wirklich, daß ich sage, *`Lisa wird sich nie ändern´?"*

Ich dachte darüber nach. Ich wußte, daß Gott sich am Tag des Gerichts an die eine Gruppe wenden und sinngemäß sagen würde: „Obwohl ich euch immer und immer wieder die Gelegenheit gegeben habe, umzukehren, habt ihr es niemals getan. Ihr werdet euch nie ändern. Deshalb gibt es keine Versöhnung für euch." Anschließend würde dieser Gruppe befohlen werden, sich für immer aus Seiner Gegenwart zu entfernen.

Ich wußte, daß Gott auch die andere Gruppe, Seine Schafe, richten würde, da Er wußte, daß auch sie sich nie mehr ändern würde: Sie würde Ihn immer lieben und Ihm treu bleiben. Gott nimmt eine Dimension wahr, die dem Menschen unzugänglich ist, denn Er sieht die unsichtbaren, unausgesprochenen Schätze unseres Herzens.

> *„Einer ist der Gesetzgeber und Richter, der zu erretten und zu verderben vermag. Du aber, wer bist du, der du den Nächsten richtest?"*
>
> \- Jakobus 4,12

Ich hatte angenommen, das Herz eines anderen zu kennen, und als ich diese Person verurteilt hatte, wurde ich bedrückt, weil ich mich selbst vor Gericht gebracht hatte. Gott ist der einzige Richter, und Er wird diese Position mit niemandem teilen. Ich wußte zwar, was diese junge Frau getan hatte, doch hinsichtlich ihrer Motive konnte ich nur Vermutungen anstellen.

Obwohl ich dachte, ich sei bestens im Bilde, hatte ich bestenfalls mangelhafte Informationen. Es ist bemerkenswert, daß diese Unterhaltung nie ausgesprochen wurde; sie fand nur in meinen Gedanken statt. Ich wollte sie niemals in der Öffentlichkeit verurteilen, doch ich hatte sie im Gerichtshof meines voreingenommenen Herzens als Anklägerin und Richterin schuldig gesprochen.

Nachdem ich nun die Wahrheit begriffen hatte, wollte ich um Vergebung bitten. Doch ich befürchtete, daß mein Schritt zur Versöhnung mich wieder in diese ungesunde Beziehung zu ihr zurückführen würde. Bevor ich betete, protestierte ich: „Gott, es stimmt! Der Kreislauf beginnt von vorne."

Der Heilige Geist ermutigte mich sanft: „Ich habe nicht gesagt, daß du wieder mit ihr zusammen sein mußt oder daß du sie ganz falsch eingeschätzt hast - , sondern lediglich, daß deine Reaktion auf diese Situation falsch ist."

Teils richtig, teils falsch

Erst in diesem Augenblick verstand ich, daß es möglich ist, gleichzeitig recht *und* unrecht zu haben. Ich mußte die Taten dieser Frau von ihren Beweggründen trennen. Ich hatte guten Grund zu der Annahme, daß ich wegen ihres *Handelns* alle weiteren Begegnungen mit ihr mit Vorsicht genießen müßte. Ich würde Gottes Weisheit benötigen, wenn ich in Zukunft mit ihr zu tun hatte: Doch ich durfte mir nicht erlauben, mich zum Richter über sie zu erheben.

> *„Denn das Gericht wird ohne Barmherzigkeit sein gegen den, der nicht Barmherzigkeit geübt hat. Die Barmherzigkeit triumphiert über das Gericht."*
>
> - Jakobus 2, 13

Mein Urteilsspruch war hart ausgefallen, und er ließ ihr keinen Raum zur Aussöhnung oder zur Umkehr. Ich hatte völlig vergessen, daß Gott denselben Maßstab und dasselbe Ausmaß dessen, das ich benutzt hatte, um über sie zu richten, wählen würde, um über mich zu urteilen. Ich bin damals zu dem Schluß gekommen, daß ich Barmherzigkeit *brauche,* obwohl ich es *verdient* hätte vor Gericht gestellt zu werden. Wenn ich Barmherzigkeit bekommen wollte, mußte ich auch selbst barmherzig sein, denn nur die Barmherzigkeit triumphiert über das Gericht.

Gott ist nicht barmherzig zu uns, weil wir es verdient haben, sondern weil durch Christus in uns, die Barmherzigkeit immer siegt!

> *„Was aber siehst du den Splitter, der in deines Bruders Auge ist, den Balken aber in deinem Auge nimmst du nicht wahr? Oder wie wirst du zu deinem Bruder sagen: Erlaube, ich will den Splitter aus deinem Auge ziehen; und siehe, der Balken ist in deinem Auge? Heuchler, zieh zuerst den Balken aus deinem Auge, und dann wirst du klar sehen, um den Splitter aus deines Bruders Auge zu ziehen."*
>
> - Matthäus 7, 3-5

Vermutlich hatte ich genug Balken in meinen Augen, um damit ein Freizeitzentrum errichten zu können. Mein hervorstechendster Balken war, daß ich dazu neigte, kritisch zu sein und über andere zu urteilen, während der Splitter im Auge dieser Frau ihr Hang zur Geschwätzigkeit war.

Diese Schriftstelle muß im Zusammenhang mit dem vorausgegangenen Text gelesen werden - *„Richtet nicht, damit ihr nicht gerichtet werdet!"*. Ein Splitter im Auge kann dein Wahrnehmungsvermögen beeinträchtigen, doch ein Balken versperrt dir die gesamte Sicht, und über andere ein Urteil zu fällen, ist sicherlich „ein Balken im Auge".

„Versperrte" Sicht

Mit der Zeit siehst du nur noch diese Splitter. Menschen mit „versperrter" Sicht sehen mit einmal, ganz gleich wohin sie ihren Blick auch richten, nur noch die Fehler der anderen. Dort, wo mit solchen Holzbalken und -brettern gearbeitet wird, entsteht Sägemehl. Das Sägemehl, das bei anderen abfällt, wird zum Blickfang. Diejenigen, deren Sicht „versperrt" ist, erkennen an anderen nur ihr eigenes Abfallprodukt.

Sägemehl fällt nicht so auf wie ein Splitter oder ein Balken. Menschen, die einen Balken vor den Augen haben, sind sich, während sie umhergehen und allen anderen die Splitter aus den Augen entfernen wollen, gar nicht bewußt, daß sie selbst blind sind. Wenn du dir diese Situation bildlich vorstellst, wirst du erkennen, wie dumm und gefährlich der Gedanke ist, einer von uns könne einem anderen helfen, während wir selbst noch viele Balken vor den Augen haben. Es würde doch auch keiner von uns auf die Idee kommen, sich von einem Chirurgen operieren zu lassen, dem die Augen verbunden sind, oder?

Die Wahrheit, die wir lernen, sollen wir nicht dazu benutzen, andere zu richten, sondern vielmehr auf uns selbst beziehen. So oft ist es einfacher, beim Zuhören einer Predigt an den Stuhlnachbarn zu denken oder ein Buch zu lesen und den Inhalt auf eine andere Person zu beziehen. Ich habe das schon getan... mit Sicherheit! Ich habe ein Buch gelesen und dabei gedacht, *Das ist ja großartig! Mensch, ich kenne einige Leute, die das unbedingt lesen müssen!*

Meine Gedanken überschlagen sich, während ich mir vorstelle, wie ich jedem einzelnen ein Exemplar des Buches besorge, oder mir überlege, bei welcher Gelegenheit ich ihnen verschiedene Abschnitte daraus vorlesen könnte.

Es ist in Ordnung, wenn ich einfach nur etwas weitergeben möchte, das mir *bereits* geholfen hat.

Das Problem dabei ist nur, daß ich meistens den Teil, der mich betrifft, überspringe und sofort zu der vermeintlichen Aufgabe übergehe, anderen helfen oder sie verändern zu wollen. Ich lese das Buch so eifrig für andere, daß ich dabei ganz vergesse, die darin enthaltenen Wahrheiten in meinem eigenen Leben anzuwenden. Es ist richtig, daß wir einander unterstützen, wenn wir eine klare Sicht für die Dinge haben. Jesus sagte, wir sollen zuerst den Balken aus unserem eigenen Auge ziehen, bevor wir uns mit dem Splitter im Auge unseres Bruders befassen. Wenn wir die Balken, die uns die Sicht versperrt haben, entfernt haben, werden wir wieder klar sehen können und unsere Motive werden rein sein.

Von nun an werden wir uns nicht mehr ausschließlich auf unseren Schrank konzentrieren, den wir ausmisten, sondern wir wollen außerdem auch alle Balken aus dem Weg räumen. Weil uns selbst das Weiterlesen schwerfällt, solange wir Balken vor den Augen haben, möchte ich dir nun eine Pause empfehlen, in der du darüber nachdenken sollst, ob du den Drang verspürst, andere zu verändern, oder ob du über irgendwelche Personen geurteilt hast. Ziehe in deine Überlegungen auch führende Politiker, Pastoren, Leiter und schließlich auch deine eigene Familie mit ein. Nachdem du nun dein Herz geprüft hast, wollen wir uns im Gebet zusammenschließen.

Vater, dein Wort ist eine Leuchte für unsere Füße und ein Licht auf unserem Weg. Es ist so wichtig, daß wir dieses Licht sehen. Wir bitten um Vergebung, wo wir andere verurteilt haben. Vater, wende das Maß deines Urteils von uns ab, während wir zu anderen barmherzig sind. Schenke uns deine Barmherzigkeit, damit wir sie von nun an an andere weitergeben.

Öffne unsere Augen und entferne die Balken, die uns die Sicht versperrt haben. Wir wissen, daß es deine Wahrheit ist, die uns frei macht. Wir haben erkannt, daß das Unbehagen, das wir empfunden haben, daher rührte, daß wir der Meinung waren, es sei unsere Aufgabe, unsere Brüder und Schwestern zu verändern oder über sie zu Gericht zu sitzen. Vater, nur du kennst die Geheimnisse unseres Herzens, und wir vertrauen sie dir an. Amen.

(Du kannst die Namen der betreffenden Personen in die folgenden Zeilen oder in dein Tagebuch schreiben, um ihre Entlastung zu dokumentieren.)

____

____

____

(Gott hat nichts dagegen, wenn wir die Namen voneinander in unser Tagebuch schreiben... Er hat unsere Namen auch in Sein Buch geschrieben!)

Was für eine Erleichterung! Nachdem wir die schwere Last, die das Verurteilen anderer mit sich bringt, abgelegt haben, können wir nun mit unserer Aufgabe, uns selbst zu richten und einzuschätzen, fortfahren. Gott ermutigt uns, uns selbst zu richten, um zu verhindern, daß *wir gerichtet werden.* Das gibt uns Gelegenheit zu wachsen und von unseren jetzigen Fehlern zu lernen. Jeder Fehler enthält ein Quentchen Erkenntnis, das, wenn es in ein reumütiges Herz fällt, verhindert, daß derselbe Fehler noch einmal passiert. Wir richten uns selbst anhand der Wahrheit und den Maßstäben aus Gottes Wort. Als ich anfing, mein Herz zu durchstöbern, wurde ich angesichts der Dinge, die ich dort vorfand, von Schuldgefühlen überwältigt, und ich fühlte mich völlig entmutigt. Mein Herz schien über Nacht zu einer Brutstätte von Vipern geworden zu sein. Je tiefer ich nachforschte, desto dunkler schien es zu werden. Warum hätte ich auch nicht entmutigt werden sollen? Ich tappte während meiner Ausgrabungsarbeiten völlig im Dunkeln.

Wenn wir unser Herz prüfen, muß dieses Unterfangen unbedingt im Licht Gottes geschehen. Sein Wort ist eine Leuchte für unsere Füße, die uns zeigt, welchen Weg wir gehen sollen. Wenn wir uns nach Gottes Wort richten und Seinem Rat folgen, wissen wir bereits die Lösung, wenn wir ein Problem entdecken. Sein Wort ist ein Licht, das in die Dunkelheit scheint und sie erhellt. Ich hatte mein Herz im Schatten meiner eigenen Weisheit inspiziert, und das war der Grund, weshalb ich in tiefste Verzweiflung stürzte. Meine Beweggründe waren gut, doch ich hatte die Sache falsch angepackt. In diesem Buch werden wir unsere Herzen in Seinem Licht betrachten, und Er wird uns den Weg zeigen, den wir nehmen sollen.

Welchen Vergleich wählen wir?

Wir können die Wahrheit erst dann richtig erfassen, wenn wir unser Herz danach ausgerichtet haben. Schon viel zu lange haben wir keine präzisen Anhaltspunkte, anhand derer wir unseren wahren Wert ermessen könnten. Wir haben uns an denjenigen orientiert, mit denen wir zu tun haben, oder an unseren Fehlern oder Erfolgen in der Vergangenheit. Gott beurteilt uns jedoch nicht auf diese Weise. Paulus warnt uns:

> *„Denn wir wagen nicht, uns gewissen Leuten von denen, die sich selbst empfehlen, beizuzählen oder gleichzustellen; aber da sie sich an sich selbst messen und sich mit sich selbst vergleichen, sind sie unverständig."*
>
> - 2. Korinther 10, 12

Paulus war ziemlich mutig, und wenn er sagt, er würde etwas *nicht wagen,* dann sollten wir mit Sicherheit auch lieber die Finger davon lassen. Und doch ist es so, daß wir eine gewisse Tendenz haben, uns mit anderen zu vergleichen. In unseren Gedanken spielt sich etwa folgendes ab: *Ich leiste mehr als Sandra! Sie hat nur ein Kind und singt nicht einmal im Chor! - Ich tratsche nicht so viel wie Susie, diese Frau hängt ständig am Telefon!* Solche Vergleiche beruhigen unser Gewissen vielleicht vorübergehend. Doch obwohl all diese Dinge den Tatsachen entsprechen mögen, sind Sandra und Susie *nicht* Gottes Richtschnur für unser Leben. Gott sagt vielmehr, daß eine derartige Denkweise und Rechtfertigung nicht klug ist.

Er möchte, daß wir frontal mit der Wahrheit und nicht mit jemand im Chor zusammenstoßen. Ich habe gelernt, daß es das Beste ist, mich nicht zu verteidigen, sondern mich der Wahrheit unterzuordnen, wenn ich mit ihr konfrontiert bin. Der erste Zusammenprall mag schmerzen, doch mit dem Schmerz kommt auch die Kraft, mich von dem, was mich gefangen gehalten hat, zu lösen.

Täuschung kann sich dann einschleichen, wenn wir uns der Wahrheit widersetzen. Wenn wir, vor der Wahrheit stehend, argumentieren und uns verteidigen, werden wir geradewegs in die Irre gehen. Wenn wir dagegen die Wahrheit des Wortes Gottes anwenden, sehen und hören wir klar, und wir begreifen von Herzen.

Da wir uns mit dem Thema „Die wahre Größe einer Frau" befassen, wird die Wahrheit unser ständiger Begleiter sein. Es ist höchste Zeit, daß wir Wahrheit und Wert auf die Waagschale legen. In Sprüche 11, 1 heißt es:

> *„Trügerische Waagschalen sind dem Herrn ein Greuel, aber volles Gewicht hat sein Wohlgefallen."*

Gott haßt unehrliche oder ungerechte Maßstäbe. Ihm gefällt, wenn ehrlich, gerecht und fair gemessen und geurteilt wird. Und wir Frauen sind schon zu lange nach falschen Maßstäben gemessen worden.

Gewichte und Maßeinheiten

Eine Waage ist ein Meßgerät, das das Gewicht oder den Tauschwert angibt, nämlich Gramm um Gramm. Wenn beispielsweise 200 Gramm Gummibärchen DM 2,50 kosten würden, würde man auf eine Waagschale ein 200gr-Gewicht legen und die andere solange mit Gummibärchen auffüllen, bis sich die Waage im Gleichgewicht befinden würde.

Eine richtig funktionierende Waage ist ein Symbol für Gerechtigkeit, und sie repräsentiert Gleichheit, Richtigkeit und Fairneß. Man geht davon aus, daß man sich auf das, was eine geeichte Waage anzeigt, verlassen kann. Wenn eine Waage nicht richtig wiegt, ist sie auf irgendeine Weise manipuliert worden oder es wurden gefälschte Gewichte verwendet. Den Gewichtsangaben einer solchen Waage kann man natürlich nicht mehr trauen.

Wir alle kennen den Ausdruck „einen Wert mit Gold aufwiegen". Diese Redewendung stammt aus vergangenen Zeiten, als man Wertsachen auf solche Waagschalen legte und sie gegen die entsprechende Menge reinen Goldes aufgewogen hat.

Wenn wir heute noch diese Meßmethode verwenden würden, müßten wir zunächst das genaue Gewicht des betreffenden Produkts ausfindig machen und dann das entsprechende Gewicht auf die eine Waagschale stellen. Die andere Waagschale würden wir solange mit Gold auffüllen, bis die Waage ausbalanciert wäre. Pfund um Pfund könnte man den Wert des betreffenden Produkts mit dem des Goldes messen.

Ich glaube, daß Sprüche 11, 1 sowohl eine praktische als auch eine geistliche Bedeutung hat. Um die geistliche Wahrheit darin besser verstehen zu können, müssen wir zunächst den natürlichen Aspekt in Betracht ziehen. Auf den natürlichen Bereich bezogen ist in dieser Schriftstelle die Rede von *verfälschten Waagen*, die betrügerische Geschäfte beim Ein- und Verkauf, bei denen Meßgeräte oder Waagen verwendet wurden, repräsentieren sollen. Gott deckt eine Methode auf, die in vergangenen Jahrhunderten heimlich angewandt wurde und von der auch heute noch Gebrauch gemacht wird.

Händler „frisierten" ihre Waagen und verfälschten Gewichte, um ihre Kunden über den Tisch zu ziehen. Wenn jemand beispielsweise ein Pfund Mehl von einem unehrlichen Händler verlangte, legte er die leichtere Version seines 500g-Gewichts auf die eine Waagschale und füllte die andere mit dem Mehl für den Kunden auf.

Und während dieser ihm zuschaute, fügte er Mehl hinzu oder nahm wieder ein wenig weg, bis die Waage ausgependelt war. Dann wurde das Mehl in einen Beutel oder einen Behälter gefüllt, und der Kunde machte sich wieder auf den Weg, ohne ahnen zu können, daß er einige Gramm Mehl zu wenig bekommen hatte.

Wahrscheinlich hätte er geschworen, daß die Menge korrekt war. Schließlich hatte er mit eigenen Augen das Abwiegen beobachtet. Was er nicht wissen konnte, war, daß das 500g-Gewicht des Verkäufers in Wirklichkeit nur 450g wog. Er hatte demzufolge für mehr Mehl bezahlt, als er bekommen hatte.

Auf diese Weise verschafften sich manche Händler damals einen höheren Gewinn. Wenn der Kunde dann zu Hause angekommen war und aus seinem angeblichen Pfund Mehl zusammen mit anderen Zutaten ein Brot backen wollte, mußte er feststellen, daß er ein Problem hatte. Die einzige Weise, wie man sich vor einem solchen Betrug schützen konnte, war, bei einem Händler mit gutem Ruf einzukaufen und sich selbst präzise Gewichte herzustellen. Doch wenn man eigene Gewichte mitbrachte, behaupteten die Händler natürlich, daß ihre Gewichte stimmten und die des Kunden falsch seien.

Trügerischer Gewinn

Manche Händler wandten diese Methode an, wenn sie von den Bauern Getreide kauften. Wenn sie mit ihren Lieferanten geschäftlich zu tun hatten, benutzten sie andere Gewichte. Diese Gewichte waren in Wirklichkeit schwerer als die Maßeinheit, die sie offiziell angaben. Ein 500g-Gewicht wog beispielsweise tatsächlich 650 g. Die Bauern verkauften ihr Getreide in der Regel in großen Mengen an die Händler. Und schon eine geringe Abweichung der verwendeten Gewichte bedeutete für den Händler einen großen Gewinn - und für den nichtsahnenden Bauern einen großen Verlust.

Wenn ein Bauer 50 Kilo Getreide brachte, wußte er nicht wieviel seine Ware wog, denn er besaß keine Waage. Deshalb blieb ihm nichts anderes übrig, als sich auf die Waage des Händlers zu verlassen. Und wenn der Händler sagte, seine 50 Kilo Weizen würden nur 45 Kilo wiegen, dann akzeptierte der Bauer diese Angaben.

Auf diese Weise hatte der Händler 5 Kilo gewonnen. Wenn an einem Tag zehn Bauern mit je 50 Kilo Getreide zu ihm kamen, besaß der betrügerische Händler am Ende des Tages 50 Kilo Getreide, für das er keinen Pfennig bezahlt hatte. Und diese verkaufte er dann selbst wieder für einen überteuerten Preis.

In früheren Zeiten konnte man sich gegen diese Art von Betrug nur schützen, wenn man einen Weg fand, seine Waren selbst zu wiegen, bevor man sie zum Markt brachte.

Diese Art von Diebstahl fand nicht nur bei Geschäften statt, bei denen es sich um kleine Mengen handelte, sondern bei Verkäufen jeden Ausmaßes. Obwohl diese Betrügereien natürlich geheimgehalten wurden, warnte Gott in 3. Mose 19, 35:

> *„Ihr sollt nicht Unrecht tun im Gericht, im Längenmaß, im Gewicht und im Hohlmaß."*

Diese Form des Diebstahls wurde angewandt, um die von Vorfahren übertragenen Grenzlinien zu verschieben, Bauern zu berauben und Kunden zu betrügen. Gott wollte Seine Kinder vor solchem Betrug schützen. Sein Volk war schon viel zu lange so naiv gewesen und hatte den hinterlistigen Händlern vertraut. Nach dieser göttlichen Verwarnung wurden Messungen gemacht, um die Verbraucher und Lieferanten vor unrechtmäßigen Geschäften zu schützen. Und es wurden präzise und einheitliche Gewichte eingeführt.

Heute verhält es sich nicht anders. Wenn man keine exakten Maßeinheiten hat, bekommt man sehr wahrscheinlich viel zu wenig für das Geld, das man bezahlt hat. Wenn du deinen eigenen Wert nicht richtig einschätzt, wirst du dich zu billig verkaufen.

Auch gefälschte Gewichte werden bewirken, daß du dich unter deinem Wert verkaufst. Und wie die Bauern wirst auch du betrogen werden. Oder du wirst wie einer dieser Einkäufer durchs Leben gehen und denken, du hättest ein Kilo gekauft, während du in Wirklichkeit übers Ohr gehauen wurdest. Wenn du den Gewichts- oder Wertangaben des Händlers vertraust, wirst du nie erfahren, daß du betrogen wurdest.

Um eine solche Irreführung zu umgehen, müssen wir uns an eine vertrauenswürdige Stelle wenden und uns unverfälschte Gewichte besorgen - Gewichte, die nicht von weltlichen Händlern manipuliert oder innen ausgehöhlt worden sind. Unsere Kultur hat uns hinsichtlich dessen, was eine Frau tatsächlich wert ist, belogen und uns Frauen weit unter unserem Wert verkauft.

Präzise Maßeinheiten

Wir sind auf der Suche nach einem präzisen Maßstab, der Wahrheit *und* Wert gegeneinander aufwiegt. Er muß unverfälscht, unbestechlich, verläßlich und erprobt sein. Es gibt nur einen einzigen Ort, wo wir einen solchen Maßstab finden können. Wir finden ihn in dem kostbaren Schatz des Ratschlusses und der Weisheit Gottes. Wenn wir diesen Maßstab erst einmal entdeckt haben, wird uns nie wieder etwas unter seinem Wert angedreht werden.

Dieser Maßstab wird aus Wahrheit bestehen, denn es ist die *göttliche Wahrheit*, die uns frei macht. Wir wollen uns bei unserer Suche nach der Wahrheit ein Beispiel an Salomo nehmen. Obwohl er der weiseste Mann war, den es je gab, war er der Erste, der zugab, daß er nicht auf alle Fragen eine Antwort wußte. In Prediger 1, 12 - 13 erklärte er, was seine Absichten waren:

> *„Ich, der Prediger, war König über Israel in Jerusalem. Und ich richtete mein Herz darauf, in Weisheit alles zu erforschen und zu erkunden, was unter dem Himmel getan wird."*

Salomo hatte sich in den Kopf gesetzt, sich Weisheit anzueignen und die Bedeutung all dessen, was Gott geschaffen hatte, zu verstehen. Da er seine Königsherrschaft in friedlichen Zeiten ausübte, hatte er genügend Zeit, sich diesem Vorhaben zu widmen. Es ist bemerkenswert, daß er dieses Verlangen auch dann noch hatte, nachdem ihm Gott in einem Traum erschienen war:

> *„In Gibeon erschien der Herr dem Salomo in einem Traum bei Nacht. Und Gott sprach: Bitte, was ich dir geben soll!"*

- 1. Könige 3, 5

Kannst du dir vorstellen, wie intensiv dieser Augenblick gewesen sein muß? Was wäre geschehen, wenn Salomo in seinem Herzen nicht bereit gewesen wäre?

Ich habe in meinen Träumen schon die verrücktesten Sachen gesagt und getan. Salomo hätte um „eine gute Sache" bitten und dabei doch „Gottes Sache" verpassen können. Er hätte beispielsweise darum bitten können, daß es Jerusalem wohl ergeht und daß sich sein Königreich ausdehnt. Er hätte um Gesundheit für seine Frauen und für seine Kinder bitten können. Aber das hat er nicht getan.

In Salomos Bitte spiegelte sich das wider, was sich Gott für den König von Israel wünschte.

Salomo antwortete:

> *„So gib denn deinem Knecht ein gehorsames Herz, dein Volk zu richten, zu unterscheiden zwischen Gut und Böse. Denn wer vermag dieses dein gewaltiges Volk zu richten?"*
>
> - 1. Könige 3, 9

Das war nicht die Antwort eines „Besserwissers". Die gigantische Aufgabe, die ihm übertragen worden war, hatte ihn demütig gemacht. Dem Herrn gefiel die Art und Weise, wie Salomo reagierte, und deshalb segnete Er ihn noch mehr:

> *„...Weil du um diese Sache gebeten hast und hast dir nicht viele Tage erbeten und hast dir nicht Reichtum erbeten und hast nicht um das Leben deiner Feinde gebeten, sondern hast dir Verständnis erbeten, um dem Recht zu gehorchen, siehe, so tue ich nach deinen Worten. Siehe, ich gebe dir ein weises und verständiges Herz, so daß es vor dir keinen wie dich gegeben hat und nach dir keiner wie du aufstehen wird. Und auch das, was du nicht erbeten hast, gebe ich dir, sowohl Reichtum als auch Ehre, so daß es unter den Königen keinen wie dich geben wird alle deine Tage."*
>
> - 1. Könige 3, 11-13

Wie wichtig Weisheit ist

Salomo war nicht nur der weiseste Mann, der je gelebt hat, sondern er überragte auch seinesgleichen, da seine Weisheit die aller Könige und Leiter der nachfolgenden Generationen überlebte. Mit all unseren Technologien, den Computern und Datenbanken, die wir heute besitzen, ist uns Salomo an Weisheit doch überlegen, obwohl er auf keine dieser Hochtechnologien zurückgreifen konnte. Er holte sich Rat bei seinem Schöpfer.

Zunächst mag uns diese Aussage unglaubwürdig erscheinen, doch wir können sicher sein, daß es sich tatsächlich um die Wahrheit handelt, da sie von Gott stammt. Wenn wir uns erstaunt fragen, ob das denn wirklich wahr sein kann, dann tun wir das, weil wir uns einer fehlerhaften Weisheit bedienen.

Irrtümlicherweise denken wir, Weisheit sei die Ansammlung von Wissen. Wenn dem so wäre, müßten wir uns fragen, welche Spitzenleistungen wir denn durch unser umfangreiches Wissen erreicht haben. Wir leben in einer Gesellschaft, in der ein exzessiver Lebensstil, Perversion, Gewalt, Bosheit und Armut üblich sind. Unsere Generation besteht aus Menschen, die egozentrisch und hochmütig sind. Und unsere Welt ist durchsetzt von Krankheiten, Seuchen, Nöten und Krieg. Es ist offensichtlich, daß wir auf unserer Jagd nach Wissen von der Wahrheit abgeirrt sind.

Ohne Weisheit können wir alles Wissen besitzen, das diese Welt anzubieten hat, und trotzdem Narren bleiben. Wir brauchen nicht noch mehr Technologie oder Wissen, unsere Seelen lechzen nach Weisheit. Weisheit ist die Fähigkeit, Wissen, Erfahrung und Wahrheit innerhalb einer ungetrübten Beziehung zwischen Gott und dem Menschen anzuwenden.

Weisheit verleiht uns Augen, die sehen, und Ohren, die hören. Nur dann werden wir die Wahrheit erkennen, wenn wir ihr begegnen. In unserem Bestreben, uns Wissen anzueignen, haben wir den Weg der Weisheit und Diskretion verlassen. Wir haben dem Wissen erlaubt, uns derart zu Kopf zu steigen, daß wir uns für die Selbstbestimmung entschieden haben. Wir sind eine Generation geworden, die aus autonomen, eigensüchtigen *Narren* besteht. *„Der Tor spricht in seinem Herzen: »Es ist kein Gott!«“* (Ps. 14, 1). Wir mögen vielleicht anerkennen, daß Gott existiert, und doch so leben, als gäbe es Ihn nicht.

Salomo war sich sehr wohl bewußt, daß er unbedingt Weisheit benötigte. Als ein Herrscher, der über Gottes Volk regierte, trug er mehr als nur die Last der nationalen Regentschaft auf seinen Schultern. Er hatte es sich zu seinem Lebensziel gemacht, Weisheit zu erlangen. Als König hatte er eine Position, die ihm unermeßlichen Reichtum, weltweiten Einfluß, Autorität und Macht, Respekt und Ehrfurcht einbrachte. Könige auf der ganzen Welt ehrten Salomo wegen seiner Weisheit und Vorzüglichkeit.

Salomos Leben war frei von der Angst, jung oder plötzlich zu sterben, denn Gott hatte ihm ein langes Leben versprochen, so lange er in Seinen Wegen blieb. Inmitten dieser Grenzenlosigkeit und dieses Überflusses bemühte sich Salomo darum, die Vielschichtigkeit des Lebens zu erforschen, zu beobachten und zu entdecken.

In all seinem Bestreben verfügte er über die Weisheit Gottes, um alles, was ihm vor Augen kam, richtig zu beurteilen, sowohl in diesem Leben als auch im Hinblick auf die Ewigkeit. Systematisch probierte er alle Bodenschätze und all den Reichtum, den es unter der Sonne gab, aus, um deren Wert festzustellen.

Da wir nicht die Zeit und die Mittel haben, die Salomo zur Verfügung standen, wurde uns seine Weisheit überliefert, damit wir ständig davon profitieren können. Im nächsten Kapitel wollen wir untersuchen, auf welche Weise Salomo in seiner Suche vorging und sie mit unserem natürlichen Leben vergleichen. Außerdem werden wir verschiedene soziale, religiöse und kulturelle Vorstellungen von Weiblichkeit im Licht der Wahrheit betrachten.

Bevor wir jedoch fortfahren, beantworte bitte folgende Fragen:

Wie alt bist du?

____

Wie beurteilst oder siehst du dich selbst?

Wie hast du dich selbst vor zehn Jahren eingeschätzt?

Wie hast du dich vor 25 Jahren eingeschätzt?

(Diese Frage gilt nur für diejenigen, die über 30 Jahre sind.)

Welche Eigenschaften schätzt du an deinen Freunden?

Welches ist deiner Meinung nach deine wertvollste Eigenschaft?

Welche **einzigartige** *Charaktereigenschaft besitzt du?*

(Die beiden letzten Antworten können identisch sein.)

Was ist dein kostbarster und wertvollster Besitz?

Wie würdest du von der Gesellschaft beurteilt oder eingestuft werden?

Gott ist

mehr an unserem Zustand

als an unserer Bequemlichkeit

interessiert.

4

Salomos Suche

„Ich erkannte, daß alles, was Gott tut, für ewig sein wird. Es ist ihm nichts hinzuzufügen und nichts davon wegzunehmen. Und Gott hat es so gemacht, damit man sich vor ihm fürchtet."

- Prediger 3, 14

Wir werden den Weg, den Salomo auf seiner Suche zurückgelegt hat, nachgehen. Als Kind wurde er von seiner Mutter Batseba unterrichtet, die ihn in die Wege und die Weisheit des Herrn einführte. Zu ihm hatte sie die innigste Verbindung, denn er war ihr Lieblingssohn. David hatte ihr versprochen, daß Salomo sein Nachfolger sein und eines Tages auf dem Thron sitzen würde (1. Könige 1, 30). Der Herr liebte Salomo von dessen Geburt an, und Er bestätigte Salomos Berufung durch den Propheten Nathan (2. Sam. 12, 24-25).

Unter diesem Aspekt erzog Batseba ihren Sohn von frühester Kindheit an wie es sich für einen Prinzen und Regenten gebührte, der einmal über Gottes Volk herrschen sollte. Sie unterwies ihn täglich in den Gesetzen und lehrte ihn, Ehrfurcht vor Gott zu haben.

Diese Tatsache bringt Salomo mehrmals in den Sprüchen zum Ausdruck:

„Als ich noch ein Sohn war bei meinem Vater, zart und einzig war vor meiner Mutter, da unterwies er mich und sprach zu mir: Dein Herz halte meine Worte fest! Beachte meine Gebote und lebe! ... Bewahre, mein Sohn, das Gebot deines Vaters, verwirf nicht die Weisung deiner Mutter!"

- Sprüche 4, 3-4, 6, 20

Von seinem Vater bekam Salomo die Gebote übermittelt, und seine

Mutter lehrte ihn. David teilte ihm die göttlichen Gesetze und Prinzipien mit, während Batseba dem jungen Salomo anschließend erklärte, wie man diese im täglichen Leben anwendete. Ihre erklärenden Worte vermittelten ihm Verständnis über Beziehungen, warnten ihn und leiteten ihn an; letztendlich erzeugten sie in Salomo noch einen größeren Hunger nach Weisheit.

Als Salomo König wurde, war er immer noch ein junger Mann. Seine Entdeckungsreise zu all den Dingen, die es unter der Sonne gab, begann damit, daß er den Vergnügungen nachjagte. Seine eigenen Worte waren:

> *„Ich sprach in meinem Herzen: Wohlan denn, versuch es mit der Freude und genieße das Gute! Aber siehe, auch das ist Nichtigkeit! ... Ich beschloß in meinem Herzen, meinen Leib durch Wein zu laben, während mein Herz sich mit Weisheit beschäftigte, und die Torheit zu ergreifen, bis ich sähe, was den Menschenkindern zu tun gut wäre unter dem Himmel, die Zahl ihrer Lebenstage."*
>
> - Prediger 2, 1+3

Haben wir etwas verpaßt?

Hört sich das nicht ganz nach uns an? Wir wurden von Eltern versorgt, die uns nach bestem Wissen und Gewissen erzogen und uns beigebracht haben, Recht von Unrecht zu unterscheiden in der Hoffnung, daß wir aus ihren Fehlern lernen würden. Doch die meisten von uns sind, sobald sie volljährig waren, dem Vergnügen nachgejagt. Wir wollten unbedingt herausfinden, was uns bis dahin entgangen war.

Schließlich waren wir nun achtzehn und wahlberechtigt, und somit konnten wir unsere eigenen Entscheidungen treffen! Da wir nun auch Alkohol trinken durften, wollten wir unsere Stimmung durch Wein anheben und uns dem jugendlichen Leichtsinn völlig hingeben. Die Sünde *bereitet* eine Zeitlang *Vergnügen* ... aber nur für kurze Zeit! Es dauerte nicht lange, bis wir feststellten, daß wir mehr vom Leben erwarteten. Wir wollten eine Veränderung bewirken, eine Familie gründen, berufliche oder persönliche Ziele erreichen.

So taten wir dasselbe wie Salomo, indem wir dazu übergingen, bestimmte Vorhaben in die Tat umzusetzen.

> *„Ich unternahm große Werke: Ich baute mir Häuser, ich pflanzte Weinberge. Ich machte mir Gärten und Parks und pflanzte darin die unterschiedlichsten Fruchtbäume. Ich machte mir Wasserteiche, um daraus den aufsprießenden Wald von Bäumen zu bewässern. Ich kaufte Knechte und Mägde und hatte Hausgeborene. Auch hatte ich größeren Besitz an Rindern und Schafen als alle, die vor mir in Jerusalem waren. Ich sammelte mir auch Silber und Gold und Schätze von Königen und Ländern. Ich beschaffte mir Sänger und Sängerinnen und die Vergnügungen der Menschenkinder: Frau und Frauen. Und ich wurde größer und reicher als alle, die vor mir in Jerusalem waren. Dazu verblieb mir meine Weisheit."*
>
> \- Prediger 2, 4-9

Das, was Salomo erreicht hatte, machte ihn zunächst überglücklich. Es machte ihm Spaß, Projekte erfolgreich durchzuführen und in seinen zahlreichen Häusern zu wohnen. Er genoß die Früchte der Bäume, die er angepflanzt hatte, und teilte seine herrlichen Parkanlagen mit seinen Untertanen. Er hatte ein ständig zunehmendes Heer von männlichen und weiblichen Sklaven, deren Aufgabe es war, ihm jeden Wunsch von den Augen abzulesen. Seine Viehherden waren größer als die jedes anderen. Er eignete sich Reichtum in Form von Gold, Silber, Wertgegenständen und Ländereien an. Das Beste, was die Welt an Kultur im Bereich Kunst und Musik zu bieten hatte, war ihm gerade gut genug. Er genoß unbegrenztes sinnliches Vergnügen, indem er sich einen Harem hielt. Er war mächtiger als irgendein Mensch vor ihm. Und bei alledem blieb die Weisheit sein ständiger Begleiter.

> *„Und alles, was meine Augen begehrten, entzog ich ihnen nicht. Ich versagte meinem Herzen keine Freude, denn mein Herz hatte Freude von all meiner Mühe, und das war mein Teil von all meiner Mühe."*
>
> \- Prediger 2, 10

Er hatte sich nichts vorenthalten! Sein Herz wurde angesichts dessen, was er erreicht hatte, von Freude erfüllt. Diese Freude an sich war schon Lohn für seine Mühe. Er liebte es, König zu sein, er liebte seine Arbeit, und er liebte all die Dinge, von denen er umgeben war! All dies erfüllte ihn... für eine gewisse Zeit. Bald schon reichte es Salomo nicht mehr aus, am meisten zu *besitzen,* am meisten zu *tun* und der mächtigste Mann zu sein.

> *„Und ich wandte mich hin zu all meinen Werken, die meine Hände gemacht, und zu der Mühe, mit der ich mich abgemüht hatte. Und siehe, das alles war Nichtigkeit und ein Haschen nach Wind. Also gibt es keinen Gewinn unter der Sonne."*
>
> \- Prediger 2, 11

Wie ein Haschen nach dem Wind

Was meinte er damit, als er sagte, *es gibt keinen Gewinn*? Salomo war *der Beste.* Unter dem Aspekt der Weisheit betrachtete Salomo die Dinge eingehender, und er kam zu dem Schluß, daß alle seine Errungenschaften einem Haschen nach dem Wind gleichkamen. Denk einmal darüber nach! Alles, was der größte und weiseste König erreicht hatte, war vergleichbar mit einem Haschen nach etwas, das man niemals einfangen konnte.

Die Winde der Zeit waren über Salomo hinweggeweht, und sie hatten ihn daran erinnert, daß er nur ein sterblicher Mensch war, dessen Leben eines Tages zu Ende sein würde. Im Gegensatz dazu würde der Wind weiterhin die Erde umkreisen und den Staub, zu dem alle menschlichen Werke verfallen, verwehen und von einer Generation zur nächsten weitertragen.

Diese Erkenntnis ließ Salomo alles verschmähen, was er einst geliebt hatte.

> *„Und ich haßte all mein Mühen, mit dem ich mich abmühte unter der Sonne. Ich muß es ja doch dem Menschen hinterlassen, der nach mir sein wird. Und wer weiß, ob der weise oder töricht sein wird? Und doch wird er Macht haben über all mein Mühen, mit dem ich mich abgemüht habe und worin ich weise gewesen bin unter der Sonne. Auch das ist Nichtigkeit. Da wandte ich mich, mein Herz der Verzweiflung zu überlassen, wegen all dem Mühen, mit dem ich mich abgemüht hatte unter der Sonne. Denn da ist ein Mensch, dessen Mühen in Weisheit und in Erkenntnis und in Tüchtigkeit geschieht; und doch muß er*

> *sie einem Menschen als sein Teil abgeben, der sich nicht darum gemüht hat. Auch das ist Nichtigkeit und ein großes Übel."*
>
> \- Prediger 2, 18-21

Den Wohlstand, die Reichtümer und die Ländereien, um die er sich voller Freude bemüht hatte, waren nun zu einer Qual für diesen großen König geworden. All das, was er sich erarbeitet hatte, würde eines Tages verloren gehen. Alles, was er liebevoll und voller Sorgfalt aufgebaut hatte, konnte irgendwann einmal durch die Hände eines Narren vergeudet werden. Er erkannte, daß er nichts festhalten konnte, sondern daß er all seinen Besitz weitergeben mußte. Alles, was er sich durch jahrelange Arbeit angeeignet hatte, würde ihn nur einen Moment überdauern, nachdem er von dieser Erde gegangen war. Im Gegensatz dazu schrieb Salomo:

> *„Ich erkannte, daß alles, was Gott tut, für ewig sein wird. Es ist ihm nichts hinzuzufügen und nichts davon wegzunehmen. Und Gott hat es so gemacht, damit man sich vor ihm fürchtet."*
>
> \- Prediger 3, 14

Obwohl Salomo der mächtigste König war, der jemals gelebt hatte und den es jemals geben wird, würde all das, was er aufgebaut hatte, nicht für immer erhalten bleiben. Es war ihm klar geworden, daß alles vom Winde verweht würde. Er erkannte, daß er, obwohl er der größte und weiseste König war, seinen Besitz nur einen Augenblick bewahren konnte. Kein Mensch würde ihn für immer festhalten können. Und doch würden der Himmel und die Sterne, die über Salomos Werken strahlten, nie vergehen. Die Sonne, der Mond und die Sterne, die über seinem Königreich leuchteten, würden auch dann noch scheinen, wenn Salomos Nachkommen längst in ihren Gräbern ruhten.

Warum ließ Gott zu, daß ein König, den Er liebte, eine so große Frustration erleiden mußte? Warum ließ Er Salomo zunächst all das, was er sich angeeignet hatte, genießen, nur um ihm anschließend die Bedeutungslosigkeit all seines Besitzes vor Augen zu führen? Salomo selbst gibt die Antwort: *„Und Gott hat es so gemacht, damit man sich vor ihm fürchtet."*

Die wahre Größe einer Frau

Es war für Salomo eine sehr demütigende Feststellung, daß all seine Weisheit ihm nicht dabei helfen konnte, seinen Besitz zu erhalten oder sein Leben zu verlängern. Seine ganze Herrlichkeit war wie das Gras - heute noch saftig, grün und lebensspendend und morgen schon abgemäht und weggeräumt. Das Buch des Predigers ist Salomos Wehklage über dieses irdische, zeitlich begrenzte Leben. Er hatte einen Blick auf die ewige Herrlichkeit und Weisheit Gottes erhascht und festgestellt, daß seine eigene vergänglich war.

Gegen Ende seines Lebens war Salomo zu dem Schluß gekommen:

> *„Nichtigkeit der Nichtigkeiten! spricht der Prediger. Alles ist Nichtigkeit!"*
>
> \- Prediger 12, 8

Wie oft warst du von etwas, das dich einmal glücklich gemacht hat, am Ende enttäuscht und ernüchtert? Wie Salomo hat jeder von uns schon gedacht, *Wenn ich dies oder jenes erreichen oder besitzen würde, dann wäre ich glücklich!* Doch wenn uns dies schließlich gelungen ist, müssen wir feststellen, daß wir trotzdem nicht zufrieden sind. Und dann sind wir enttäuscht, weil wir davon ausgegangen sind, daß diese Dinge uns zum Glück verhelfen und nicht mit Enttäuschung enden würden. Wir haben die Antriebskraft verloren, die damit einhergeht, wenn man einen Traum verwirklichen will.

Stelle dir folgende Fragen und schreibe deine Antworten auf:

Welchen Dingen bist du in deinem bisherigen Leben nachgejagt, weil du dachtest, sie würden dir Erfüllung bringen, doch letztendlich wurdest du enttäuscht?

____

____

____

Welche Ziele verfolgst du heute?

____

____

____

Wirst du glücklich sein, wenn du sie erreicht hast?

____

____

Es ist wichtig zu betonen, daß es nicht verkehrt ist, Träume und Ziele zu haben. Gott hat uns die kreative Fähigkeit gegeben, zu träumen. Außerdem ist zu bemerken, daß außerhalb der göttlichen Bestimmung niemand von uns in der Lage ist, die Segnungen zu genießen, die Er für uns bereithält.

> *„Auch jeder Mensch, dem Gott Reichtum und Güter gegeben und den er bemächtigt hat, davon zu genießen und sein Teil zu nehmen und sich bei seiner Mühe zu freuen, - das ist eine Gabe Gottes."*
>
> - Prediger 5, 18

Wie man Dinge vom richtigen Standpunkt aus betrachtet

Von Gott kommt Wohlstand, Besitz und Zufriedenheit. Wenn wir uns nicht in Seinem Willen befinden, haben wir vielleicht „Dinge", doch wir haben keinen Frieden. Das bedeutet, wir können sie nicht genießen. Oftmals werden gerade diejenigen, die am wohlhabendsten sind, am heftigsten von Sorgen geplagt. Sie können nicht zur Ruhe kommen und ihre Besitztümer genießen, weil sie ständig darüber nachdenken, wie sie ihr Vermögen schützen und sogar noch vergrößern können. Dann gibt es noch eine weitere Sorge, die sie quält. Obwohl sie wohlhabend sind, müssen sie feststellen, daß es andere gibt, die noch reicher sind. Sie ringen darum, den Nachbarn in nichts nachzustehen, und sind deshalb nie mit dem zufrieden, was sie selbst haben. Und schließlich verlieren sie, was sie besitzen, weil sie entweder verbissen daran festhalten oder sich immer mehr aneignen wollen.

Dies ist ein verräterisches Merkmal derer, die ihre Größe von dem abhängig machen, was sie besitzen. Besitztümer sind ein irreführender Maßstab für persönliche Größe. Er kann keine dauerhafte Stabilität vermitteln, denn die Größe eines Menschen hängt nicht von der Zu- oder Abnahme des Vermögens ab. Eine solche

Einstellung erzeugt lediglich Angst und Unsicherheit, denn sie beinhaltet die Vorstellung, daß Größe und Bedeutung eines Menschen in Verbindung mit etwas steht, über das er zwangsläufig keine Kontrolle hat. Zudem müssen wir Diebstahl und Katastrophen in Betracht ziehen, ganz zu schweigen von den Warnungen, die in den Sprüchen enthalten sind:

> *„Wenn du deine Augen darauf richtest, ist er (der Reichtum) nicht mehr da. Denn plötzlich macht er sich Flügel wie ein Adler und fliegt zum Himmel."*
>
> \- Sprüche 23, 5

Hier kommt deutlich zum Ausdruck, wie vergänglich und unerreichbar Reichtum sein kann - er kann Flügel bekommen und davonfliegen wie ein Adler. Adler kann man nur sehr schwer einfangen, wenn sie erst einmal in der Luft sind.

In Sprüche 11, 28 heißt es: *„Wer auf seinen Reichtum vertraut, der wird fallen, aber wie Laub werden die Gerechten sprossen."* Man kann sein Vertrauen nicht auf Wohlstand setzen; er kann heute vorhanden sein und sich morgen schon wieder in nichts aufgelöst haben. Reichtum an und für sich ist nicht schlecht; es ist nur falsch, sein Vertrauen darauf zu setzen.

Die Gerechten vertrauen auf Gott, nicht auf Reichtum, und deshalb „sprossen" sie. Damit ist mehr gemeint, als daß sie einfach nur existieren. „Sprossen" bedeutet, daß es ihnen wohlergeht, daß sie aufblühen, erfolgreich sind, Fortschritte machen, sich ausdehnen und regelrecht in Blüte stehen.

Alles, was ein Mensch sich jemals wünschen könnte, ist in Gottes Gerechtigkeit enthalten. Dies gilt nicht nur für einen zeitlich begrenzten Zustand, denn in Sprüche 8, 18 wird uns versprochen: *„Reichtum und Ehre sind bei mir, stattlicher Besitz und Gerechtigkeit."* Die Segnungen Gottes haben Bestand, denn sie gehören Ihm. Er belohnt uns jetzt und in Ewigkeit mit Freude und Zufriedenheit - völlig unabhängig davon, was wir haben oder nicht haben, besitzen oder nicht besitzen.

> *„Er sprach aber zu ihnen: Seht zu und hütet euch vor aller Habsucht, denn auch wenn jemand Überfluß hat, besteht sein Leben nicht durch seine Habe."*
>
> \- Lukas 12, 15

Wir werden eindringlich davor gewarnt, uns davor in acht zu nehmen und zu hüten, unseren Wert an dem zu messen, was wir besitzen. Eine solche Einstellung kann sich so unauffällig einschleichen, daß wir es gar nicht bemerken. Nahezu jede TV-Werbung will uns glauben machen, daß es sich so verhält. Diese Lüge wird von jeder Fernsehserie, jedem Film und jedem Magazin verkündet. Die Welt verspricht, daß Reichtum dir alles geben wird, was du dir wünschst, dich schön macht, dein Heim mit den besten Gütern ausstattet, dir Freunde, Einfluß und Macht einbringt und deine Zukunft und die deiner Lieben sichert. Doch das ist eine Lüge.

Unser Leben ist weit mehr wert als *Dinge,* und demzufolge können wir unser Leben auch nicht anhand von Dingen messen. Wenn unser persönlicher Wert gleichbedeutend mit einer ganzen Welt voller Dinge wäre, dann hätte Gott als Lösegeld für uns nicht das Leben Seines einzigen Sohnes eingesetzt, sondern Er hätte die unendlichen Reichtümer des Himmels für uns aufgeboten, die so unermeßlich sind, daß dort die Straßen aus Gold sind. In Gottes Augen sind wir weitaus wertvoller als reines Gold.

Die Segnungen ins Gleichgewicht bringen

Wenn wir den Besitz anderer Menschen begehren, zeigt uns das, daß wir unsere Größe immer noch nach dem bemessen, *was wir unserer Meinung nach haben sollten.* Nachdem John und ich geheiratet hatten, lebten wir zunächst in Dallas. Wir besuchten eine Gemeinde, in der finanzieller Wohlstand mit Gerechtigkeit gleichgesetzt wurde. Jeder war eifrig darum bemüht, den Segnungen Gottes nachzujagen!

Zunächst stieß mich dieses Verhalten ab. Ich war in einer wohlhabenden Familie aufgewachsen und hatte schon vor langer Zeit erkannt, daß Geld einen Menschen nicht unbedingt glücklich machte.

Die wahre Größe einer Frau

Alle Frauen in meinem Freundeskreis besaßen Pelzmäntel und teuren Schmuck. Es schien gerade so, als ob jeden Sonntag ein neuer Pelzmantel auftauchte. Als wir eines Tages nach dem Gottesdienst nach draußen gingen, machte mein Mann einem unserer Freunde das Kompliment: „Der Pelzmantel, den du deiner Frau geschenkt hast, ist ausgesprochen schön!"

„Gott will nur das Beste für meine Frau!", gab der lächelnde Kavalier zurück.

John und ich saßen eine Zeitlang schweigend in unserem kalten Auto. Dann drehte sich John zu mir und sagte: „Liebling, ich muß dir eine Pelzjacke kaufen!"

Hatte ich richtig gehört? Wir hatten ja noch nicht einmal ein Haus!

„Ich *brauche* keine Pelzjacke", protestierte ich schwach.

Natürlich brauchte ich keine Pelzjacke... doch langsam, aber sicher *wollte* ich eine. Was war schon dabei, daß wir noch kein Haus hatten? Wir waren jung. Ich würde so elegant aussehen, wenn ich mit meiner neuen Pelzjacke in die Gemeinde gehen oder beim Einkaufen im Warenhaus durch die Gänge des Lebensmittelmarktes schlendern würde. Niemand würde auf mich herabsehen, wenn ich meine Pelzjacke tragen würde! Alle Verkäufer würden sofort herbeieilen, um mich zu bedienen!

Ich lächelte meinen Ehemann an, während ich all diese Gedanken für mich behielt. Insgeheim dachte ich mir: *Wenn die Frau dieses Mannes nur das Beste verdient, dann gilt dasselbe auch für mich! Meine Großmutter hat einen Nerz, und meine Mutter besitzt einen prächtigen langen Luchsmantel. Was ist im Vergleich dazu schon eine einfache Fuchsjacke?*

Am darauffolgenden Sonntagmorgen erschien ein Ehepaar in der Gemeinde, das zwei Jahre jünger als John und ich waren - wir waren damals 23 und 24. Die Dame trug einen Pelzmantel.

Mir blieb die Luft weg. Nun hatte ich nicht nur mehr das Gefühl, ich wollte eine Pelzjacke; inzwischen war ich der Meinung, ich *brauchte* eine. Ich durchstöberte die Zeitungen von Dallas nach Pelzverkäufen und Versteigerungen. Und gelegentlich gab ich meinem Mann einen kleinen Wink mit dem Zaunpfahl, daß ich meine Ansicht hinsichtlich einer Pelzjacke geändert hatte. Weihnachten stand vor der Tür, und ich mußte eine Pelzjacke haben!

Eines Abends landeten John und ich schließlich kurz vor Ladenschluß in einem Pelzgeschäft. Da entdeckte ich sie - eine Silberfuchsjacke. Ich schlüpfte hinein. Es war umwerfend! Dann warf ich einen Blick auf das Preisschild - DM 3180,-! Rasch zog ich die Jacke aus und hängte sie wieder auf den Bügel.

„Was ist los?", fragte John. „Gefällt sie dir nicht?"

„Doch, sie gefällt mir, aber *schau´ dir den Preis an!*", antwortete ich flüsternd.

„Zieh sie noch einmal an!", forderte mich John aufmunternd auf.

„Nein, ich will nicht." Ich war verlegen und fühlte mich nicht wohl in meiner Haut.

In diesem Moment kam ein Verkäufer auf uns zu und fragte, ob er uns behilflich sein könne. Er schaute uns mit einem merkwürdigen Blick an - als ob John und ich ihm etwas zu jung und nicht gut genug gekleidet erschienen, um als ernstzunehmende Käufer in Frage zu kommen.

Eine Nuance irritiert und in leicht hochnäsigem Tonfall fragte der Verkäufer: „Haben sie etwas nach Ihrem Geschmack gefunden?"

„Ja!", antwortete John. „Ich möchte meiner Frau diesen Pelz kaufen."

Ich war schockiert und hatte ein seltsames Gefühl in der Magengegend.

„Nein!", protestierte ich, und jetzt meinte ich es wirklich ernst.

„Doch!" John bestand darauf. Er nahm mir die Pelzjacke ab und reichte sie an den Verkäufer weiter.

„Wie willst du sie denn bezahlen?", fragte ich.

„Ich werde sie in Raten abzahlen", erklärte mir John zuversichtlich. Er war entschlossen.

Ich war weder begeistert noch glücklich, ich hatte höchstens ein bißchen Angst. Wir hatten einmal gemeinsam beschlossen, niemals Schulden zu machen. Wir glaubten, daß wir etwas nicht kaufen sollten, wenn wir das Geld dafür nicht hatten. John war inzwischen hinüber zu einem Schreibtisch gegangen, um den Kundenkredit zu beantragen. Wir waren dabei in einer Sache, über die wir uns einig gewesen waren, einen Kompromiß einzugehen, um mir etwas zu kaufen, was ich überhaupt nicht brauchte - und inzwischen auch gar nicht mehr wollte!

Ich betete: „Gott, bitte vergib mir und halte diese Sache irgendwie auf! Ich habe meinem Mann das Gefühl gegeben, er würde mich nicht wirklich lieben und schätzen, wenn er mir keinen Pelz umhängt. Das ist Manipulation! Verzeih mir!"

Ich ging langsam hinüber zum Schreibtisch, an dem John und der Verkäufer über einen Kundenkredit verhandelten. John sah betroffen aus.

„Wir können diesen Kaufvertrag nicht abschließen; sie sind leider nicht kreditwürdig", erklärte der Angestellte.

„Lassen sie mich selbst mit den zuständigen Personen telefonieren!", forderte mein Mann.

Inzwischen war nicht nur seine Liebe zu mir in Frage gestellt, sondern auch noch seine Fähigkeit, für mich zu sorgen. Nachdem es ihm nicht gelungen war, die Kreditgeber davon zu überzeugen, daß sein Einkommen ausreichte, um für den entsprechenden Betrag aufzukommen, legte John den Hörer auf.

Ich hatte inzwischen angefangen zu weinen und war aus dem Laden hinausgegangen. Als John mich so entdeckte, dachte er, ich weinte, weil ich keine Pelzjacke bekommen hatte.

„Nun sehen Sie sich das an - *meine Frau weint!* Ich kann nicht glauben, daß Sie mir keinen Kredit geben!", rief John empört aus, während er aus dem Geschäft stürmte.

Ich hatte noch nie erlebt, daß mein Mann sich so aufgeführt hatte. Es war sonst nicht seine Art, sich so zu benehmen. Als wir kurz vor Ladenschluß aus dem Kaufhaus eilten, versicherte er mir: „Liebling, *wir werden dir eine Pelzjacke besorgen!*" Die ganze Sache war inzwischen eine Frage der Ehre geworden.

„Nein!", erwiderte ich sanft. „Ich *will* gar keine mehr!"

Im Auto sprachen wir darüber, unter welchem Druck wir beide gestanden hatten, weil wir etwas sein wollten, das wir in Wirklichkeit nicht waren. Ich entschuldigte mich bei John und versicherte ihm, daß ich wußte, daß er mich liebte. Und er mußte mir versprechen, *daß er mir keine Pelzjacke kaufen würde!*

Was ich aus der „Pelzjacken-Lektion" gelernt habe

Es ist nicht der Fall, daß Pelze schlecht sind oder daß ich eine Tierschützerin bin. Die Aussicht, eine Pelzjacke zu besitzen, hatte die falsche Stelle in meinem Herzen eingenommen. Ich wollte dadurch vorspiegeln, ich sei wohlhabend. Mein Wunsch, eine Pelzjacke zu besitzen, hatte aufgezeigt, daß Materialismus einen verkehrten Stellenwert in meinem Leben gehabt hatte.

Ich hatte meinen persönlichen Wert nicht nur daran gemessen, was ich besaß, sondern ich hatte auch danach gestrebt, mir dasselbe anzueignen wie andere Christen, die gesegnet worden waren.

> *„Und ich sah all das Mühen und alle Tüchtigkeit bei der Arbeit, daß es Eifersucht des einen gegen den anderen ist. Auch das ist Nichtigkeit und ein Haschen nach dem Wind."*
>
> \- Prediger 4, 4

Warum sind Bemühungen dieser Art vergleichbar mit einem Haschen nach dem Wind? Weil ich, selbst wenn ich das bekomme, was ich begehre, bald etwas anderes entdecken werde, das ich mir wünsche. Und ich werde bis in Ewigkeit irgendwelchen Dingen nachjagen und doch nie erfüllt sein.

Nachdem wir von Dallas weggezogen waren, dienten John und ich wieder in einer anderen Gemeinde. Wir wohnten im Haus von guten Freunden und hatten ein sehr exklusives Geschäft aufgesucht, weil wir ihnen ein Geschenk besorgen wollten, um ihnen unseren Dank auszudrücken. Als wir hineingegangen waren, fiel Johns Blick auf ein reichhaltiges Sortiment von Krawatten. Zwei davon gefielen ihm so gut, daß er sich nicht für eine von beiden entscheiden konnte. Nachdem er einige Minuten lang nachgedacht hatte, hatte John eine Idee. Er würde sich eine der beiden Krawatten kaufen, und die andere sollte ich ihm zu Weihnachten schenken.

Im ersten Moment war ich von diesem Einfall nicht sehr begeistert; mir war es lieber, Geschenke selbst auszusuchen, denn es macht mir viel mehr Spaß, andere zu überraschen. Ich sagte ihm, ich würde es mir überlegen. Es war mir jedoch nicht entgangen, daß er diese Krawatte unbedingt haben wollte. Während ich eine Etage höher ging, um einen Freund von uns zu besuchen, der in einer anderen Abteilung des Geschäfts arbeitete, kaufte John die Krawatte. Dann kehrte ich zur Krawattensektion zurück und kaufte die andere Krawatte. Als der Verkäufer sie für mich einpackte, stieg ein Gefühl der Bedrückung in mir auf, das immer stärker wurde. Ich dachte: *Was ist los? Das ist mein Taschengeld, und ich kaufe ein Geschenk für meinen Mann. Muß ich denn vor jedem Einkauf beten*? Der Verkäufer reichte mir die Tüte, und ich fuhr mit dem Aufzug nach oben. Inzwischen war ich zutiefst betrübt. John erwartete mich in der oberen Etage am Aufzug.

„Was ist los?“, fragte er.
„John, ich habe dir die Krawatte gekauft, aber ich bin darüber nicht glücklich.“
„Ich habe auch kein gutes Gefühl. Ich denke, du solltest sie zurückgeben.“

Gemeinsam gingen wir nach unten und brachten die Krawatte zurück. Ich bin überzeugt davon, daß der arme Verkäufer dachte, wir seien komplett verrückt. Als ich das Geld zurück in meine Geldbörse steckte, sagte der Heilige Geist zu mir: „Die Segnungen, die ich dir gebe, werden dich nicht belasten. Diejenigen, die du dir selbst nimmst, werden dir Sorgen bereiten."

Ich schrieb mir diese Lektion auf, wunderte mich aber immer noch, warum der Kauf einer Krawatte für meinen Mann so eine große Sache war.

Einige Wochen später erfuhren wir den Grund dafür. John war in Chicago, wo er predigte. Nach dem Gottesdienst wurde er von einem Mann gebeten, ihn in sein Herrenbekleidungsgeschäft zu begleiten. Am darauffolgenden Tag ging der Pastor mit John in das besagte Geschäft und segnete ihn mit zwölf Krawatten, verschiedenen Hemden und einem sehr schönen Wintermantel! Ich glaube, wenn wir uns die Krawatte in Dallas selbst gekauft hätten, hätte Gott diesem Mann nicht aufs Herz gelegt, John auf so großzügige Weise zu beschenken. Wir hätten uns unsere *eine* Krawatte geschnappt, während Gott uns *zwölf* Krawatten schenken wollte.

Gehorsam zählt, nicht die Methode!

Das bedeutet nicht, daß ich jedes Mal, wenn Gott mir davon abgeraten hat, mir etwas anzueignen, zu einem späteren Zeitpunkt denselben Gegenstand in größerer Menge erhalten habe. Gott segnet nicht die Methode, sondern den Gehorsam. Er ist mehr um unseren *Zustand* besorgt, als um unsere *Bequemlichkeit.* Er weiß, daß Er Gehorsam segnen kann, denn diejenigen, die gehorsam sind, wissen, daß ihre Erfüllung nicht in den Segnungen liegt, sondern darin, demjenigen zu gehorchen, der sie segnet. Aus diesem Grund sagt Paulus:

„Die Gottseligkeit mit Genügsamkeit aber ist ein großer Gewinn."

- 1. Timotheus 6, 6

Die wahre Größe einer Frau

Die Gottseligkeit mit Genügsamkeit birgt wahren und großen Reichtum in sich. Wie oft habe ich schon eine Illustrierte oder einen Katalog durchgeblättert, um mir die neuesten Modetrends bei der Wohnungseinrichtung anzuschauen, und hatte anschließend den unwiderstehlichen Drang, *meine Wohnung in diesen Modefarben neu zu dekorieren!* Dann schaltete sich meine Vernunft ein, und ich kam zu dem Schluß, daß ich eigentlich mit dem derzeitigen Zustand meiner Wohnung ganz zufrieden gewesen war... *bis ich etwas anderes gesehen hatte.* Ich entschied mich zu fasten, indem ich solche Zeitschriften eine Zeitlang nicht mehr lesen würde. Statt Illustrierte über Inneneinrichtungen zu lesen, nahm ich nun meine Bibel zur Hand.

Jedesmal, wenn ich in meiner Bibel gelesen hatte, fühlte ich mich hinterher stärker und erfrischt, nicht unzufrieden. Ich war erstaunt darüber, wie sehr mein Denken von den attraktiven Inhalten dieser Zeitschriften bestimmt worden war. Als ich sie dann wieder einmal herausnahm, hatten diese Illustrierten ihre Wirkung auf mich verloren. Ich betrachtete sie nun mit der richtigen Einstellung. Ich konnte die darin enthaltenen Vorschläge genießen, ohne anschließend frustriert zu sein.

Wie ich bist auch du vielleicht von Einflüssen umgeben, die in dir den Wunsch erwecken, mehr im Leben zu bekommen. Vielleicht strebst du danach, ein Leben wie die Reichen und Berühmten führen zu können. (Warum sehen wir niemals die gebrochenen Herzen hinter der Fassade?) Vielleicht ist es auch nur ein Freund, der alles hat, was du dir wünschst. Nur du kennst dein Herz und weißt, von welcher Leidenschaft es bewegt wird.

Eines ist jedoch sicher - *du bist nicht das, was du besitzt.* Die Größe einer Frau kann nicht daran gemessen werden, was ihr gehört - nicht an ihrem Haus, ihrem Auto, ihrem Schmuck oder an anderen Dingen.

Bete mit mir:

Vater Gott, vergib mir, wenn ich meinen persönlichen Wert in der Vergangenheit an dem gemessen habe, was ich besitze. Verzeih mir, wenn ich an Dingen festgehalten habe. Vergib mir, wenn ich habgierig war und mich darum bemüht habe, mehr zu bekommen. Prüfe mein Herz und decke durch das Licht deines Wortes jeglichen Neid auf. Laß mich sofort erkennen, wenn Habgier in Form von Unzufriedenheit sich meiner bemächtigen will! Gott, ich möchte nur die Segnungen, die du mir geben willst. Entwickle Gottseligkeit mit Genügsamkeit in meinem Leben. Verzeih mir, wenn ich meinen Mitmenschen das Gefühl vermittelt habe, das Maß ihrer Zuneigung sei identisch mit den Geschenken, die sie mir gemacht haben. Ich lege den falschen Stellenwert des Besitzes ab und strecke mich nach deinem richtigen Maßstab aus. Ich weigere mich, mein Vertrauen auf Reichtum zu setzen. Ich vertraue dir. Laß mich mit den Gerechten „sprossen"! In Jesu Namen, Amen.

Gott prüft unser Herz anhand der Dinge,

die Er in unsere Hände legt.

Er beurteilt uns nach dem, was wir haben...

nicht nach dem, was wir nicht haben.

5

„Das ist nicht fair!“

„Denn es ist wie bei einem Menschen, der außer Landes reiste, seine eigenen Knechte rief und ihnen seine Habe übergab: und einem gab er fünf Talente, einem anderen zwei, einem anderen eins, einem jeden nach seiner eigenen Fähigkeit, und reiste außer Landes.“

- Matthäus 25, 14-15

„Wenn wir alle gleich geschaffen worden sind... dann ist das nicht fair!“ Mit diesem Protestgeschrei stürmten meine Söhne häufig in meine Küche. Manchmal waren es Streitigkeiten um Spielsachen. „Ich habe es zuerst gehabt!“ oder „Er hat mehr bekommen!“ Gelegentlich hatte es bei einem Spiel oder beim Sport Konflikte gegeben. „Er hat geschummelt!“ oder „Ich bin an der Reihe!“

Wenn möglich tat ich so, als hätte ich nichts gehört. Ich wollte mich nicht einmischen und erst einmal abwarten, wie sich die Sache weiterentwickeln würde. Würde es bei einem harmlosen Zwist bleiben, der nur verbal ausgetragen wurde? Oder würde es zu einer handfesten Rauferei ausarten? Ich hörte leise zu. Wenn ich den Eindruck hatte, sie würden selbst eine Lösung finden, gab ich keinen Kommentar. Doch manchmal kam es soweit, daß auf Worte Tränen, Bisse und Schläge folgten. In einem solchen Fall unterbrach ich meine momentane Tätigkeit und rannte die Treppe hinauf, um einzugreifen und ihr Raufen zu beenden.

Bei vier Söhnen hatte ich schon viele solcher Gelegenheiten, oftmals sogar an einem einzigen Tag. Ich versuche, mich aus ihren Streitigkeiten herauszuhalten, weil ich erstens hoffe, daß sie selbst damit fertig werden, und zweitens, weil ich mich sträube, nach oben oder nach draußen zu gehen, um den Streit abzubrechen. Gewöhnlich griff ich darauf zurück, Fragen zu stellen wie „Spielt ihr schön, Jungs?“ oder „Teilt ihr alles miteinander?“. Ich weiß, daß dies überflüssige und dumme Fragen sind, die Antworten wie „Ich schon - aber er nicht!" geradezu provozieren.

Als mein ältester Sohn Addison in die Schule kam, bekam er eine völlig neue Vorstellung davon, was Gerechtigkeit bedeutete. Und er ernannte sich daraufhin selbst zum Justizminister. Diese Position beinhaltete die Aufstellung einer Sitzordnung, „Du bist gestern neben Papa gesessen, heute ist Alexander dran!", oder „Ich bin der Älteste, deshalb muß ich vorne im Auto sitzen." Auch der Bereich der Nahrungsaufnahme wurde von ihm unter seinem Licht der Gerechtigkeit genauestens überprüft. Wenn es sich um eine Portion Eis handelte, war es ungerecht, jedem dieselbe Menge zu geben, denn er war ja schließlich der Älteste! Wenn aber Bohnen auf den Tisch kamen, war es nicht fair, ihm eine größere Portion zu geben, weil er sie nicht mochte.

Aufgrund dieser Vorgehensweise im Namen der Gerechtigkeit, kam es jedesmal zu einem Zusammenprall, wenn scheinbar gegen sie verstoßen worden war. Die ganze Sache fing an, mir langsam auf die Nerven zu gehen. Es hatte den Anschein, daß alles, was ich sagte, ungerecht, und jeder, den er kannte, unfair war! Als ich ihn eines Abends bat, mir beim Aufräumen des Fernsehraums zu helfen, protestierte er: „Das ist nicht fair! Ich habe nicht mit all diesen Sachen gespielt, und jedesmal muß ich beim Aufräumen helfen!"

Ich holte tief Luft und bat ihn, sich zu setzen. Ich machte ihm deutlich, daß ich sehr wohl verstand, wie er sich fühlte. Und ich ließ ihn wissen, wie oft ich es ungerecht fand, daß ich die Unordnung, die andere gemacht hatten, aufräumen und Wäsche waschen mußte, die ich nicht schmutzig gemacht hatte.

Er grinste und schlug mir aufmunternd auf die Schultern: „Lassen wir doch die Kleinen die Spielsachen aufräumen, und wir lesen in der Zwischenzeit ein Buch!"

Ich stellte fest, daß wir auf keinen grünen Zweig kamen. Er mußte lernen, die Dinge aus einem völlig anderen Blickwinkel zu betrachten. Ich fragte ihn: „War es gerecht, daß Jesus am Kreuz starb, obwohl er nichts Verkehrtes getan hatte?“

Er schaute mich verwundert an, und sein Tonfall änderte sich: „Nein.“

„Gott hat Jesus nicht darum gebeten, für uns zu sterben, weil es *fair* war; Er hat es getan, weil es *Gerechtigkeit bringen würde*. Jesus ist gestorben, um die Strafe für die Sünden der Menschen auf sich zu nehmen. Addison, das Leben ist nicht fair, aber Gott ist gerecht.“

Dies war einer der stillen, kostbaren Augenblicke, in dem du deinem Kind in die Augen schaust und erkennst, daß eine Wahrheit in sein Herz gesunken ist. Und du weißt ohne jeglichen Zweifel, daß dein Kind verstanden hat, was du gesagt hast.

Mein blonder Junge nickte wortlos und umarmte mich. Dann fing er an, die Spielsachen einzusammeln, während er seinen Brüdern zurief: „Schaut her, Jungs, euer großer Bruder zeigt euch, wie man Ordnung schafft!“

Das Leben ist nicht fair!

Wie oft stellen wir in Frage, ob eine Sache fair ist? Ich bin mir sicher, daß wir es bei unzähligen Gelegenheiten tun. Gott ist immer gerecht, doch es gab Zeiten, in denen ich Sein momentanes Verständnis von Gerechtigkeit in Frage gestellt habe. Weil Er Gott ist, weil Er allwissend, allmächtig und allgegenwärtig ist, weiß ich, daß Seine Weisheit, Seine Gerechtigkeit und Sein Urteil, ob richtig oder falsch, im Hinblick auf die Ewigkeit unantastbar sind. Wenn ich in der Bibel lese, werde ich angesichts Seiner vollkommenen Weisheit von Ehrfurcht erfüllt.

Es war nicht das „Gesamtbild“, das ich in Frage stellte. Mich verwirrten vielmehr Umstände, die ich als ungerecht empfand - solche, die nicht in der Bibel erwähnt wurden und die mir aus dem subjektiven Blickwinkel meines begrenzten Wissens und meiner Lebenserfahrung nicht fair erschienen. Manche hatten beispielsweise nach ihrer Geburt mehr als andere; sie hatten im Vergleich zu mir also schon einen viel besseren Start!

Im Leben ging es nicht so gerecht zu wie beim Monopoly-Spiel, wo jeder zur selben Zeit und mit demselben Betrag an Geld ins Rennen geht. Daß wir bei einem Würfelspiel mit Pechsträhnen rechnen müssen, war mir klar, aber doch dann nicht, wenn Gott das Sagen hat und die Regeln bestimmt. Meiner Meinung nach mußte Er fairer sein.

Ich war frustriert, als ich versuchte, ein Urteil darüber zu fällen, was fair und was unfair war. Ich kam schnell zu dem Schluß, daß ich mein Verständnis von Fairneß ändern mußte. Mein Urteil wurde von Milton Bradleys Perspektive bestimmt, und ich mußte unbedingt Gottes Betrachtungsweise übernehmen. Jesus hat in einem Gleichnis die „Philosophie" beschrieben, die in Gottes Königreich gilt:

> *„Denn es ist wie bei einem Menschen, der außer Landes reiste, seine eigenen Knechte rief und ihnen seine Habe übergab: und einem gab er fünf Talente, einem anderen zwei, einem anderen eins, einem jeden nach seiner eigenen Fähigkeit, und reiste außer Landes."*
>
> \- Matthäus 25, 14-15

Bei der Verteilung der Talente hatte nicht jeder dieselbe Menge bekommen (wie beim Monopoly), und die meisten würden dies als unfair empfinden (nicht so, wenn jeder ebenso viele bekommen hätte). Sie wurden je nach der Fähigkeit des einzelnen übergeben. Der Herr, dessen Eigentum diese Talente waren, konnte damit tun, was seiner Meinung nach das Beste war. Er wollte verreisen und mußte sich vergewissern, daß sein Eigentum so verwaltet werden würde, als ob er selbst da wäre. Er vertraute es anteilig den Knechten an, die weise damit umgehen würden.

Wenn du jemandem etwas Wertvolles anvertraust, kann der Betreffende völlig darüber verfügen. Deshalb ist es wichtig, daß du sein Herz kennst. Wir wollen sehen, wie die besagten Knechte mit der Situation umgegangen sind:

> *„Sogleich aber ging der, welcher die fünf Talente empfangen hatte, hin und handelte mit ihnen und gewann andere fünf Talente. So auch, der die zwei empfangen hatte, auch er gewann andere zwei. Der aber das eine empfangen hatte, ging hin, grub ein Loch in die Erde und verbarg das Geld seines Herrn."*
>
> \- Matthäus 25, 16-18

Der erste Mann machte sich sofort auf den Weg und handelte mit den Talenten, die ihm anvertraut worden waren. Auch der, dem zwei Talente übergeben worden waren, arbeitete mit ihnen und gewann zwei weitere dazu.

Der Knecht aber, der das eine Talent bekommen hatte, *ging hin, grub ein Loch in die Erde und verbarg das Geld seines Herrn.* Daran erkennen wir, daß er eine völlig falsche Einstellung hatte. Er versuchte nicht einmal, das, was ihm anvertraut worden war, zu vermehren. Er hatte gesehen, was die anderen bekommen hatten, stürmte beleidigt davon und vergrub das eine Talent, das er erhalten hatte. Sein Handeln offenbart die Verachtung, die in seinem Herzen schlummerte: „Von mir wirst du nichts bekommen! Warum soll ich mich abmühen, damit du einen Vorteil davon hast? Du hast mir ein Talent gegeben, und genau das wirst du auch zurückbekommen! Du hast zuviel von mir verlangt! Wie unverschämt von dir, mir nur ein Talent zu geben!"

> *„Nach langer Zeit aber kommt der Herr jener Knechte und rechnet mit ihnen ab."*
>
> \- Matthäus 25, 19

Beachte, daß der Herr erst nach langer Zeit wieder zurückkam. Oftmals zeigt es sich erst mit der Zeit, wie ein Mensch wirklich ist oder was sein wahrer Charakter ist. Er hätte genügend Zeit gehabt, seine Einstellung zu ändern. Wenn es sich nur um ein leichtes Eingeschnapptsein gehandelt hätte, hätte er reichlich Zeit gehabt, umzudenken, darüber hinwegzukommen und das Talent wieder auszugraben. Dann hätte er auf die eine oder andere Weise damit arbeiten können, doch das hat er nicht getan. Sein Handeln offenbart eine tiefverwurzelte Herzenseinstellung.

Die Ernte des Herzens

Der Herr kannte sein Herz bereits, als er ihm das eine Talent übergab. Gott wartet geduldig auf die Ernte des Herzens. Schau dir die Ernte an, die der erste und der zweite Mann einbrachten. Man hört förmlich in ihrer Stimme, die Freude und Begeisterung über die Rückkehr ihres Herrn:

> *„Und es trat herzu, der die fünf Talente empfangen hatte, und brachte andere fünf Talente und sagte: Herr, fünf Talente hast du mir übergeben, siehe, andere fünf Talente habe ich dazugewonnen. Sein Herr sprach zu ihm: Recht so, du guter und treuer Knecht! Über weniges warst du treu, über vieles werde ich dich setzen; geh ein in die Freude deines Herrn. Es trat aber auch herzu, der die zwei Talente empfangen hatte, und sprach: Herr, zwei Talente hast du mir übergeben; siehe, andere zwei Talente habe ich dazugewonnen. Sein Herr sprach zu ihm: Recht so, du guter und treuer Knecht! Über weniges warst du treu, über vieles werde ich dich setzen; geh ein in die Freude deines Herrn."*
>
> \- Matthäus 25, 20-23

Diese beiden Knechte wurden als „gut und treu" bezeichnet. Man kann hören, wie erfreut ihr Herr über sie ist! Er segnet sie, indem er ihnen noch mehr Autorität über noch größere Bereiche gibt! Er weiß, daß sie sein Herz erkannt und ihm vertraut haben; deshalb kann auch er sein Vertrauen auf sie setzen. *Denjenigen, die Vertrauen haben, kann man vertrauen.* Diese Begeisterung und Freude stehen in krassem Kontrast zur Anschauungsweise des letzten Knechts:

> *„Es trat aber auch herzu, der das eine Talent empfangen hatte, und sprach: Herr, ich kannte dich, daß du ein harter Mann bist: du erntest, wo du nicht gesät, und sammelst, wo du nicht ausgestreut hast; und ich fürchtete mich und ging hin und verbarg dein Talent in der Erde; siehe, da hast du das Deine."*
>
> \- Matthäus 25, 24-25

Was für eine Einstellung! Beachte, daß er zuletzt kam. Er ist nicht begeistert darüber, daß sein Herr zurückgekommen ist. Man kann sich regelrecht vorstellen, wie er eine dreckige Münze hervorkramt und sie seinem Herrn gleichgültig vor die Füße wirft oder sie ihm respektlos in die Hand drückt. Die Münzen der anderen Knechte glänzten und funkelten, und jene überbrachten sie in einer Weise, daß es ihrem Herrn zur Ehre gereichte.

Für den letzten Knecht war es eine Erleichterung, seinem Herrn die Münze zurückzugeben. Er war froh, daß er das Talent seines Herrn endlich los war. Er mochte sich nicht um Dinge kümmern müssen, die ihm nicht gehörten. Für ihn stellte das Talent keine Gelegenheit dar, etwas daraus zu machen, sondern lediglich eine Last. Er hatte kein Vertrauen zu seinem Herrn, und er hatte bereits ein hartes Urteil über ihn gefällt.

Menschen, die nicht lieben... werden Angst haben. Dieser Mann fürchtete sich vor seinem Herrn, weil er ihn nicht kannte. Er kommt ganz zum Schluß zu ihm, weil er ein gekränkter und bitterer Mann ist, der falsche Vorstellung hat. Er bezeichnet seinen Herrn als einen harten Mann und beschuldigt ihn mit folgenden Worten des Diebstahls: *„...du erntest, wo du nicht gesät, und sammelst, wo du nicht ausgestreut hast."* Er befürchtete, sein Herr könnte ihm etwas wegnehmen, und deshalb achtete er ängstlich darauf, nichts von sich selbst herzugeben. Er war nur auf sich selbst bedacht und aus diesem Grunde nicht bereit, mehr zu tun als das, was mindestens von ihm gefordert wurde. Die weise Antwort seines Herrn lautete:

> *„Böser und fauler Knecht! Du wußtest, daß ich ernte, wo ich nicht gesät, und sammle, wo ich nicht ausgestreut habe? So solltest du nun mein Geld den Wechslern gegeben haben, und wenn ich kam, hätte ich das Meine mit Zinsen erhalten."*
>
> \- Matthäus 25, 26-27

Der Herr hatte anhand dieses Talents das Herz des Knechtes geprüft und festgestellt, daß es von Bosheit erfüllt war. Er hatte ihm etwas Gutes anvertraut, doch der bittere, ängstliche und böse Knecht hatte es mit eigenen Händen in der Erde vergraben und versteckt, so daß es nutzlos geworden war.

Es kommt nicht darauf an, wie viele Talente du besitzt; wichtig ist, was du mit diesen Talenten anfängst.

Die Bibel sagt, daß Gott uns auf gute Weise prüft, nicht durch das Böse. Und Jesus bezeichnete diesen Bericht als ein Gleichnis vom Reich Gottes, deshalb steht der Herr stellvertretend für Gott, den Vater - kein bösartiger Herr, sondern ein guter. Einem guten Herrn kannst du vertrauen und Glauben schenken.

Die Anschauungsweise dieses Knechts war so verdreht, daß sie Zweifel und Angst in ihm hervorrief. Ebenso streng und hart, wie er über seinen Herrn geurteilt hatte, wurde nun über den bösen Knecht Gericht gehalten.

Der Herr sagte zu ihm: „Wenn du tatsächlich so von mir gedacht hast, dann hättest du anders handeln müssen!"

Dieser böse Knecht hatte offensichtlich einen „Balken" vor den Augen und konnte den Herrn nicht so sehen, wie er wirklich war. Sein Talent wurde ihm weggenommen, und er erhielt den Lohn eines Ungläubigen:

> *„Nehmt ihm nun das Talent weg, und gebt es dem, der die zehn Talente hat; denn jedem, der da hat, wird gegeben werden, und er wird Überfluß haben; von dem aber, der nicht hat, von dem wird selbst, was er hat, weggenommen werden. Und den unnützen Knecht werft hinaus in die äußerste Finsternis: da wird das Weinen und Zähneknirschen sein."*
>
> - Matthäus 25, 28-30

Diesem Mann, der einmal der Knecht eines großen Herrn gewesen war, wurden alle Segnungen, Privilegien und die Versorgung, die er unter seinem Herrn genossen hatte, entzogen, und er wurde dorthin verbannt, wo die Ängstlichen und Gequälten sind .

> *„Jener Knecht aber, der den Willen seines Herrn wußte und sich nicht bereitet, noch nach seinem Willen getan hat, wird mit vielen Schlägen geschlagen werden;..."*
>
> - Lukas 12, 47

Dieser Knecht kannte den Willen seines Herrn. Er hatte ihn jahrelang beobachtet und wußte, was von ihm verlangt wurde. Doch statt das zu tun, was sein Herr wollte, oder sich mindestens auf seine Rückkehr vorzubereiten, setzte er lieber seinen eigenen Willen durch und lebte sein Leben, wie er es wollte. Er fürchtete den Tag, an dem er seinem Herrn Rechenschaft ablegen mußte. Und vor lauter Angst, was ihm eines Tages bevorstand, tat er gar nichts.

Wir investieren unsere Talente

Gott prüft unser Herz anhand dessen, was Er uns anvertraut. Er beurteilt uns nach dem, was wir haben... nicht nach dem, woran es uns mangelt. Er fragte den zweiten Knecht nicht, warum er aus seinen beiden Talenten nicht fünf gemacht hatte, denn Er wußte, daß die beiden ersten Männer ihre Talente verdoppelt hatten.

Wir werden nicht gemäß unseren Begrenzungen bewertet, sondern anhand des Potentials, das wir besitzen. Die wahre Größe einer Frau steckt nicht in der Anzahl ihrer gottgegebenen Talente und Fähigkeiten, sondern in ihrer Treue, mit der sie diese zur Ehre ihres Herrn einsetzt.

> *„Jedem aber, dem viel gegeben ist - viel wird von ihm verlangt werden; und wem man viel anvertraut hat, von dem wird man desto mehr fordern."*
>
> - Lukas 12, 48

Beachte die Formulierung, „dem viel gegeben ist". Wiederum verwendet Jesus ein Gleichnis vom Reich Gottes, um Seinen Jüngern etwas begreiflich zu machen. Es ist eine weitere Geschichte über einige Knechte, denen ihr Herr während seiner Abwesenheit die Verantwortung übertragen hat. Das, was von ihnen gefordert wurde, oder das, worüber sie Rechenschaft ablegen mußten, hing davon ab, was ihnen anvertraut worden war. Wenn es viel war, wurde auch viel von ihnen erwartet. Wenn ihnen nur wenig anvertraut worden war, wurde wenig von ihnen verlangt. Das Urteil wird für diejenigen, die den Willen Gottes kennen, ihn aber nicht tun, hart ausfallen - härter als für diejenigen, die aus Unwissenheit nicht gehorsam waren. Aus diesem Grund ist das Endresultat *gerecht*, obwohl nicht jeder *gleich* viele Talente bekommen hat.

Erinnere dich daran, daß in Gottes Königreich *gerecht* nicht immer *gleich,* und *gleich* nicht immer *gerecht* bedeutet. Und doch fällt das Urteil über jeden einzelnen immer gerecht aus. Gott schafft für jeden von uns gleiche Möglichkeiten, doch Er gibt nicht jedem von uns dieselben Fähigkeiten. Die Verteilung hängt weder vom Alter, noch vom Geschlecht oder der Rasse ab, sondern sie erfolgt so, wie Gott es will.

Diese Wahrheit gilt nicht nur für den natürlichen, greifbaren Bereich. Sie ist auf eine Welt übertragbar, wo wahre Größe über die Macht des Geldes, Ländereien oder Fähigkeiten hinausgeht. Jeder von uns hat andere Talente und Fähigkeiten. Gott verurteilt diese Verschiedenheiten nicht; Er vergleicht uns auch nicht miteinander. Er geht auf jeden von uns ganz persönlich ein, und Er gibt jedem mindestens ein Talent.

Du darfst den Begriff „Talent" nicht auf die heutige Terminologie beschränken, die ein Talent als „Fähigkeit, Begabung oder Können" definiert. In diesem Gleichnis bezeichnet dieser Begriff eine Maßeinheit, die beim Abwiegen von Gold (2. Sam. 12, 30), Silber (1. Kön. 20, 39) und anderen Metallen oder Gütern benutzt wurde.

Dasselbe Talent des Glaubens

Gott vertraut jedem von uns ein bestimmtes Maß, ein Talent des Glaubens an (Röm. 12, 3). Dieses Maß gibt Er jedem von uns, weil es ohne Glauben unmöglich ist, Gott zu gefallen. Wenn wir Seine Kinder werden, erhalten wir ein anfängliches Maß.

> *„Ohne Glauben aber ist es unmöglich, ihm wohlzugefallen; denn wer Gott naht, muß glauben, daß er ist und denen, die ihn suchen, ein Belohner sein wird."*
>
> - Hebräer 11, 6

Warum kann man Gott ohne Glauben nicht gefallen? Die Antwort darauf finden wir in demselben Vers. Wir müssen im Glauben kommen, indem wir erstens glauben, daß Gott existiert, und zweitens, daß Er diejenigen belohnen wird, die ernsthaft nach Ihm suchen. Die meisten Gläubigen zweifeln nicht an der Existenz Gottes, denn selbst die Schöpfung weist eindeutig darauf hin und bestärkt uns in dieser Überzeugung.

Woran sie zweifeln, ist der zweite Teil; sie können nicht glauben, daß Gott sich persönlich für sie interessiert. Sie befürchten, daß Er sie nicht belohnen wird, und sie zweifeln an Seiner Güte. Wenn wir so denken, verschließen wir gewisse Bereiche unseres Herzens und behalten die Kontrolle über unser Leben selbst. Auf diese Weise handeln wir, weil wir Angst haben. Die Furcht veranlaßt uns zu Fragen wie: „Was geschieht, wenn ich Ihn ernsthaft und eifrig suche und Er mich dafür doch nicht belohnt?“ „Was ist, wenn Gott meine Bemühungen nicht gut genug sind?“ „Was, wenn Er mich um mehr bittet, als ich Ihm geben kann?“

Inwiefern unterscheidet sich diese Einstellung von der des untreuen Knechts? Hatte er nicht auch Angst, er würde leer ausgehen? Diese Ängste sind stellvertretend für seine grundlegende Herzenshaltung. Wir werden Gottes Güte immer dann bezweifeln, wenn wir Seinen Charakter nicht kennen. Diese Zweifel werden uns dazu veranlassen, unsere Talente im Boden des Unglaubens zu vergraben. Dort wächst und gedeiht nichts, sondern alles bleibt leblos und unfruchtbar.

Da ein Talent eine Maßeinheit ist, können wir zwischen dem Maß des Glaubens und der Zuteilung der Talente eine Parallele ziehen. Das Maß des Glaubens kommt von Gott. Es ist unverfälschbar, denn ein Talent ist eine Maßeinheit für Gold oder Silber. In 1. Petrus 1, 7 heißt es, daß die Bewährung unseres Glaubens „viel kostbarer erfunden wird als die des vergänglichen Goldes, das aber durch Feuer erprobt wird“. Glaube kann durch Feuer nicht vernichtet werden; vielmehr wird er darin gestärkt und gereinigt.

Unser Glaube soll in die Tat umgesetzt werden. Es ist nicht der Sinn der Sache, durch den Glauben Dinge anzuhäufen, sondern sich durch ihn die Erkenntnis Gottes anzueignen und darin zu wachsen. Jeder von uns hat das Maß des Glaubens bekommen, damit wir die Güte Gottes begreifen und lernen, mit ihr umzugehen. Wir haben es empfangen, um erleben zu können, daß Er diejenigen belohnt, die sich ernsthaft nach Ihm ausstrecken.

Ist nicht dies auch der Grund, warum du zu diesem Buch gegriffen hast? Du willst die Wahrheit wissen. Er ist der Weg, die Wahrheit und das Leben. Und im Grunde genommen ist dein Verlangen, mehr über Ihn zu erfahren.

Beachte die Formulierung, „die ihn suchen" (im Englischen heißt es sogar „eifrig suchen"). Er wünscht sich, daß wir einfach nur Seine Nähe suchen und nicht nur herausfinden wollen, was Er für uns tun kann. John und ich haben Bekannte, von denen wir jahrelang nichts hörten. Doch dann, eines Tages, rufen sie uns aus heiterem Himmel an! Und wir freuen uns riesig, daß sie an uns gedacht haben. Nachdem wir eine Weile miteinander telefoniert haben, erfahren wir den wahren Grund für ihren Anruf. Sie haben erst vor kurzem bei einer phantastischen Direkt-Marketing-Firma zu arbeiten angefangen, und nun wollen sie, daß wir unsere Telefongesellschaft wechseln, damit sie eine Provision kassieren! Andere sind sich einfach nur sicher, daß Gott ihnen ein Buch aufs Herz gelegt hat, und wir sollen ihnen bei der Veröffentlichung helfen. Manchen helfen wir, andere dagegen können wir nicht unterstützen. Sie sagen: „Gehen wir zusammen essen!" Und schon während wir den Hörer auflegen, wissen wir, daß wir nie wieder etwas von ihnen hören werden, denn sie haben bekommen, was sie wollten.

Immer, wenn so etwas passiert, stimmt uns das traurig. Wir denken, diese Freunde rufen uns an, weil sie wieder Kontakt zu uns aufnehmen wollen. Wir hatten ihnen unsere Freundschaft angeboten, doch sie waren nur daran interessiert, was wir für sie tun können. Ich stelle mir vor, daß Gott ebenso traurig ist, wenn wir nur dann Seine Nähe suchen, wenn wir etwas von Ihm brauchen, und Sein Angebot einer tieferen und erfüllenderen Beziehung zu Ihm ablehnen.

Dann haben wir auch andere Freunde, zu denen wir eine enge Beziehung haben. Es kann auch sein, daß sie anrufen und um dieselben Gefallen bitten. Doch bei ihnen ist es etwas völlig anderes. Darüber sind wir nicht traurig. Wenn wir können, helfen wir ihnen gerne, denn unabhängig davon, ob wir ihnen unter die Arme greifen oder nicht, sie sind und bleiben unsere Freunde. Wir bleiben in Verbindung, weil unsere Beziehung nicht darauf basiert, was wir für sie oder was sie für uns tun können.

Das Herz Gottes

Eine solche Beziehung will Gott mit uns haben. Er wünscht sich, daß es unser Verlangen ist, Ihn von Herzen kennenzulernen und zu verstehen. Wenn wir die Tiefen Seines Herzens ergründen, entdecken wir dort einen kostbaren Schatz, der zudem alles beinhaltet, was wir brauchen.

Um dies tun zu können, müssen wir unser Talent des Glaubens aus der Erde der Angst und des Unglaubens ausgraben. Im Licht der Wahrheit und wenn wir gehorsam sind, wird es sich vergrößern und vervielfältigen. Talente bringen nicht nur dem Herrn Vorteile ein, sondern auch den Knechten, denen er sie anvertraut hat.

Ich bin der Meinung, daß Gott das Maß oder das Talent des Glaubens entsprechend unserer Fähigkeit zuteilt. Dieses Maß kann vergrößert, multipliziert oder vergraben werden, es kann verloren gehen oder weggenommen werden. Es wird uns zu Beginn anvertraut, damit wir glauben können, daß Gott *ist,* daß Er als der Schöpfer und Vater existiert. Wenn wir jedoch an dieser Stelle das Talent begraben, dann haben wir es eingeschränkt, und unsere Beziehung zum Vater und unser Wissen über Ihn wird sich nicht weiterentwickeln.

Indem wir das Talent des Glaubens vergraben, legen wir es lahm. Wie ein Same ohne Boden, ohne Feuchtigkeit und Druck liegt es herum und wartet darauf, eingepflanzt zu werden. Du kannst nicht ausschließlich von der Erkenntnis leben: „Okay, du bist Gott!“ Wir müssen zu der Wahrheit durchdringen, daß Er unser eifriges Suchen mit weiterer Erkenntnis und Offenbarung Seiner selbst belohnen wird.

Wenn du nur glaubst, daß Gott existiert, dann versäumst du es, Ihn kennenzulernen. Oder vielleicht weißt du ja sogar, daß Er ein Belohner sein *kann* - du hast gesehen, wie Er es bei anderen getan hat, doch du zweifelst daran, daß Er dasselbe für dich tun würde. Durch diese Tür des Zweifels kann Furcht und Unglaube in deine Beziehung zu Gott eindringen.

Gott ist mehr als nur ein Schöpfer und eine Vaterfigur. Er ist der Vater, dein Vater. Er ist gut und vollkommen, fürsorglich und gerecht. Viele von uns haben nur Väter kennengelernt, die alles andere als vollkommen waren. Deshalb können wir unseren himmlischen Vater nicht einmal mit dem besten aller Väter auf der Erde vergleichen. Wir können uns anhand dessen, was wir gesehen haben, nicht einmal den Himmel vorstellen.

Der böse Knecht wußte etwas *über* seinen Herrn, aber er kannte ihn nicht. Er beobachtete, was er tat, und dachte: *Er erntet, wo er nicht gesät hat!* Er hatte nur wenig Erkenntnis darüber, daß sein Herr um derer willen, die der Knecht noch nicht sehen konnte, dort erntete, wo er nicht ausgestreut hatte. Schließlich hatte Gott zwar in den Boden Israels gesät, dagegen aber eine Ernte von Heiden eingebracht. Gott hatte niemals in die Heiden gesät; Er hatte lediglich über sie geurteilt. Wie konnte der Knecht zu einer derart verdrehten Ansicht gelangen?

> *„Den Reinen ist alles rein; den Befleckten aber und Ungläubigen ist nichts rein, sondern befleckt ist sowohl ihre Gesinnung als auch ihr Gewissen."*
>
> \- Titus 1, 15

Hier ist unsere Antwort. Die ersten beiden Knechte waren begeistert und zwar nicht deswegen, weil sie dachten, sie könnten die Talente behalten; sie freuten sich für ihren Herrn. Sie waren glücklich darüber, daß sie dem, der ihnen die Talente anvertraut hatte, etwas zurückgeben konnten. Sie fühlten sich durch Sein Vertrauen geehrt. Sie hatten ein reines Herz, und diese Reinheit schützte sie vor Angst und hielt sie davon ab, die Beweggründe und das Handeln ihres Herrn in Frage zu stellen und zu verurteilen.

Die unlautere Herzenshaltung ihres Mitknechts veranlaßte diesen dazu, von seinem Herrn das Schlimmste zu erwarten. Er verurteilte und wurde später, als Konsequenz, selbst verurteilt. Seine Ansichten und seine Denkprozesse waren völlig verdreht und verzerrt, und schließlich stimmte sogar sein Gewissen seinem verkehrten Denken und Handeln zu. Was hatte seinen Verstand dermaßen vernebelt?

> *„Seht zu, Brüder, daß nicht etwa in jemandem von euch ein böses Herz des Unglaubens sei im Abfall vom lebendigen Gott."*
>
> \- Hebräer 3, 12

Unglaube und Sünde bringen uns dazu, daß wir uns von Gott *abwenden,* um Ihn dann sogar noch *anzugreifen.* Wir beschuldigen Ihn, weil wir ein falsches, verzerrtes Bild von Ihm haben. Wie können wir uns vor einer solchen Herzenseinstellung schützen? Wir müssen unser Herz rein halten, indem wir es dem Licht der göttlichen Wahrheit aussetzen und es vom Feuer der Liebe Gottes läutern lassen.

In dem Maß, wie wir unser Herz reinigen, werden wir Gott sehen. Begrenze diese Tatsache nicht darauf, Ihn eines Tages im Himmel zu sehen. Wir werden Seine Wahrheit, Seine Versorgung und Seine Wege bereits schon hier auf der Erde erkennen. Wenn unsere Herzen rein sind, sind unsere Augen erleuchtet, und wir können klar sehen.

Ohne das Maß des Glaubens wären wir nicht in der Lage, die Größe einer Frau richtig einzuschätzen. Das erste, Gewicht auf der Waagschale, einer Frau ist ihr Glaube.

Du... - das sind nicht deine Talente oder Fähigkeiten. Du bist auch nicht das, was du tust, und du bist auch nicht identisch mit deinen Begabungen oder angeborenen Talenten. Du... , das ist auch nicht dein Beruf oder deine Karriere. Du bist nicht das, was du tust: Ehefrau, Mutter, Karriere. Du bist auch nicht das, was du dir an Wissen angeeignet hast: Schulbildung, Erfahrung und Intelligenz.

Hast du jemals gedacht, Gott würde für jeden etwas tun, nur nicht für dich?

Welche Enttäuschung hast du erlebt, die dich zu diesem Schluß kommen ließ?

___

___

Kannst du glauben, daß Gott gerecht war, obwohl es den Anschein hatte, Er sei unfair gewesen?

___

___

Warum hast du immer noch Angst, Ihm zu vertrauen?

___

___

Ich möchte, daß du über deine Talente und Fähigkeiten hinausgehst und glaubst, daß Gott gut ist und daß Er mehr tun kann als du selbst zustande bringen würdest. Notiere einen Bereich, den du Ihm übergeben willst.

___

___

„Das ist nicht fair!“

Bist du in Christus?

Dann mußt du das Alte loslassen.

Es ist vergangen, und ein neuer Lebensweg wartet auf dich. Um diesen neuen Weg beschreiten zu können, mußt du von deiner Gabe des Glaubens Gebrauch machen.

Laß deine Vergangenheit los, denn deine Vergangenheit ist nicht deine Zukunft.

6

Der Vergangenheit entfliehen

„Daher, wenn jemand in Christus ist, so ist er eine neue Schöpfung; das Alte ist vergangen, siehe, Neues ist geworden."

- 2. Korinther 5, 17

Zu Beginn des Jahres war ich eingeladen worden, im Rahmen einer nationalen Konferenz eine der Sprecherinnen bei den Vor- und Nachmittagsveranstaltungen zu sein. Ich hatte bereits am vorherigen Tag geredet und war gerade dabei, mich auf den Weg zum Mittagessen mit all den anderen Sprecherinnen zu machen, bevor ich dann am Nachmittag predigen würde. Ich freute mich ganz besonders über diese Gelegenheit, so viele Frauen Gottes auf einmal kennenzulernen! Ich würde ihren Unterhaltungen zuhören und ihnen Fragen stellen können. Und die Krönung war, daß ich keines meiner Kinder mit dabei hatte. Ich war völlig unabhängig - *und in Gesellschaft von erwachsenen Frauen!*

Ich war auf meinem Weg zum Speisesaal gerade bis zur Bücher- und Kassettensektion des Konferenzzentrums gekommen, als der Heilige Geist mich festnagelte:„Geh hinaus zu deinem Auto. Ich möchte mit dir sprechen!"

Ich fühlte mich wie ein Kind, das in sein Zimmer geschickt wird. Warum gerade jetzt? Konnte ich nicht zuerst für eine Weile hineingehen und dann nach draußen gehen?

Von diesem Vorschlag meinerseits schien der Heilige Geist nicht begeistert zu sein. Also machte ich kehrt, ging durch die Tür wieder hinaus zum Wagen, den ich gerade erst verlassen hatte.

Ich hatte unseren großen, roten Dienst-Lkw im Schatten einer großen Eiche geparkt. Ein wenig widerwillig kletterte ich hinein. Da saß ich nun - in einem Kleid und Pumps - in einem Transporter auf dem Parkplatz einer christlichen Gemeinde. Inzwischen hatten sich bestimmt alle anderen Sprecherinnen getroffen und einander begrüßt. Ich mußte an die Zeit zurückdenken, als ich meine Babys gestillt und während solcher Anlässe die meiste Zeit irgendwo abseits in einem Schlafzimmer zugebracht hatte.

Ich beschloß, mich dagegen zu wehren, dies als eine Art Bestrafung zu empfinden. Schließlich waren einige meiner schönsten Erinnerungen der zufriedene Gesichtsausdruck und die zärtlichen Umarmungen meiner Babys, während ich sie stillte. Ich kam in Gedanken zur Ruhe und hörte zu.

Sofort spürte ich die Gegenwart Gottes. Der Heilige Geist redete in meinem Herzen zu mir, und ich griff schnell zu Papier und Stift, um die Wahrheiten, die Er mir mitteilte, aufzuschreiben. Ich blätterte in meiner Bibel herum, um die Schriftstellen nachzuschlagen, die das, was Er mir sagte, bestätigten.

Ich weiß nicht, wie lange ich dort draußen war. Angesichts Seiner erfüllenden Gegenwart und Nähe schienen es mir nur wenige Augenblicke gewesen zu sein. Als es dann Zeit für mich geworden war, wieder hineinzugehen, wollte ich den Wagen gar nicht mehr verlassen. Ich werde dir einige der Dinge mitteilen, die Gott mir gezeigt hat.

An jenem Nachmittag gab ich eine Botschaft mit dem Titel „Der Vergangenheit entfliehen" weiter. Ich hatte dieses Thema in meinem ersten Buch behandelt und beherrschte den Stoff, den ich vermitteln wollte, sehr gut. In der ruhigen Atmosphäre im Wagen hatte Gott meine Predigt für die Nachmittagsveranstaltung erweitert.

Er wies mich darauf hin, daß die amerikanische Gemeinde der Vergangenheit einen Altar errichtet hatte. Die Vergangenheit wurde als Ausrede oder Entschuldigung für das gegenwärtige Verhalten benutzt. Wenn wir uns auf unsere Vergangenheit berufen, um uns auf diese Weise herauszureden, betreiben wir Götzendienst. Ein Götze ist ein Idol, dem wir all unsere Kraft geben oder von dem wir unsere Stärke beziehen.

Es gibt Menschen in der Gemeinde, die all ihre Kraft und ihr ganzes Sein in die Erforschung ihrer eigenen Vergangenheit hineinlegen. Sie studieren sie, um so den Sinn ihres Lebens und einen Grund für ihr Dasein zu finden. Vielleicht denken sie, ihre *Vergangenheit* würde ihren *gegenwärtigen* Zustand rechtfertigen, doch die Wahrheit ist, daß die *Vergangenheit* niemals die *Zukunft* rechtfertigen kann. Das ist eine Irreführung. Wir werden uns niemals verändern, solange wir auf uns selbst blicken.

Da gibt es diejenigen, die angestrengt in den Spiegel ihres Lebens schauen, weil sie hoffen, darin würden sie die Antworten entdecken, die sie benötigen. Jakobus beschreibt diesen Zustand:

> *„Seid aber Täter des Wortes und nicht allein Hörer, die sich selbst betrügen! Denn wenn jemand ein Hörer des Wortes ist und nicht ein Täter, der gleicht einem Mann, der sein natürliches Gesicht in einem Spiegel betrachtet. Denn er hat sich selbst betrachtet und ist weggegangen, und er hat sogleich vergessen, wie er beschaffen war. Wer aber in das vollkommene Gesetz der Freiheit hineingeschaut hat und dabei geblieben ist, indem er nicht ein vergeßlicher Hörer, sondern ein Täter des Wortes ist, der wird in seinem Tun glückselig sein."*
>
> \- Jakobus 1, 22-25

Wir sind nicht der Dreh- und Angelpunkt. Unser Augenmerk muß auf das vollkommene Gesetz der Freiheit gerichtet sein, denn nur dieses kann uns die Freiheit schenken, die wir bislang in unserer Vergangenheit zu finden gehofft haben. Wir sind vergeßliche Hörer, wenn wir das Wort nur aufnehmen, es aber nicht in die Tat umsetzen. Gehorsam beinhaltet, daß wir die göttliche Wahrheit in unserem Leben und Alltag anwenden. Wenn wir das nicht tun, öffnen wir uns für Selbsttäuschung und Irreführung.

Eigne dir diese göttlichen Eigenschaften an

In 2. Petrus 1, 5-9 wird die gesunde Entwicklung der christlichen Wesenszüge grob umrissen. Zunächst fügt man dem Maß des Glaubens Güte hinzu. Das beinhaltet die Überzeugung, daß Gott ein *guter Gott* ist. Zu dieser Erkenntnis der Güte Gottes gibt man Erkenntnis, und diese Erkenntnis ergänzt man um Selbstbeherrschung. Dazu gehört Ausharren; und das Ausharren verbindet man mit Gottseligkeit, und diese verknüpft man mit der Bruderliebe, und schließlich wird zu dieser Bruderliebe die Liebe hinzugefügt.Wir haben die Zusage, daß „wir im Hinblick auf die Erkenntnis unseres Herrn Jesus Christus nicht träge und nicht fruchtleer sein werden, wenn diese Dinge bei uns vorhanden sind und zunehmen" (2. Petr. 1, 8). All dies sind Maßeinheiten, die wir vergrößern können, indem wir Gebrauch von ihnen machen und unseren Glauben in die Tat umsetzen.

Wir werden aber auch davor gewarnt, daß der, bei dem „diese Dinge nicht vorhanden sind, blind und kurzsichtig ist und die Reinigung von seinen früheren Sünden vergessen hat" (Vers 9).

Kurzsichtige und blinde Menschen können Dinge gar nicht oder nur undeutlich erkennen. Ich beispielsweise bin kurzsichtig. Ohne Brille erkenne ich nicht einmal die Umrisse meines eigenen Ehemanns, wenn er weiter als sechs Meter von mir entfernt ist.

Wenn unser Sehvermögen eingeschränkt ist, verlieren wir unsere Präzision und Einsicht. Die Kurzsichtigen sehen nur das, was direkt vor ihren Augen ist, doch oftmals überdeckt das Vordergründige das, was ewig ist.

Diese Kurzsichtigkeit macht uns vergeßlich. „Wo habe ich meine Schlüssel hingelegt?" Wenn der Gegenstand nicht direkt vor uns liegt.... verlieren wir ihn schnell aus den Augen. Petrus sagte, ein solcher Zustand brächte uns auch dazu zu vergessen, daß wir gereinigt worden sind. Wenn uns diese Erkenntnis verloren gegangen ist, werden wir unwillkürlich nach Ausreden suchen.

Aus welchem anderen Grund würde sonst jemand versuchen, sich aus etwas herauszureden, für das er gar nicht mehr verantwortlich ist? Wenn so jemand sich ins Gedächtnis rufen würde, daß er reingewaschen worden ist, würde er einfach nur sagen: „Oh, das ist passiert, *bevor ich neu gemacht worden bin!*

Wenn wir der Wahrheit, die wir ganz klar erkannt haben, nicht gehorchen, betrügen wir uns selbst (siehe Jakobus 1). Unser Herz wird uns erneut verdammen, wenn wir versuchen, unsere Sünden durch Werke des Fleisches und menschliche Psychologie zu bereinigen. Wir wollen zum Sinn der Erlösung zurückkehren. War die damit verbundene Absicht nicht, uns durch die Vergebung unserer Sünden und das Auslöschen unserer Vergangenheit mit Gott zu versöhnen?

Wenn ich vor Gott trete, stehe ich ganz allein vor Ihm, als einzelner Mensch. Jeder von uns wird für das, was er getan hat, ein Urteil empfangen. Aus diesem Grund habe ich einen Erlöser gebraucht. Ich habe ein Leben geführt, das der Prüfung Gottes und Seiner heiligen Gegenwart nicht hätte standhalten können. Und ich wurde ein Christ, nachdem ich folgendes verstanden hatte: Ich war ein Sünder, und Gott ist heilig. Und Sünde und Heiligkeit waren unter keinen Umständen vereinbar. Jesus war mein Vermittler.

Hiob beschrieb in folgenden Worten, wie dringlich er einen Erlöser brauchte:

> *„Es gibt zwischen uns keinen Schiedsmann, daß er seine Hand auf uns beide legen könnte."*
>
> \- Hiob 9, 33

Wir brauchen einen Vermittler

Wir haben einen solchen „Schiedsmann". Er vermittelt zwischen Gott und uns. Stell dir folgende Szene vor: Das Buch des Lebens ist aufgeschlagen, und die gegen uns stehende Anklageschrift wird laut, für alle hörbar, vorgelesen. Vor diesem heiligen Richter zwingt uns die Last unserer Sünden in die Knie. Unsere Sünden sind so ungeheuerlich, weitreichend und so zahlreich, daß uns die Befürchtung erzittern läßt, sie seien unverzeihlich.

Unsere einzige Hoffnung ist der wunderbare Anwalt, der gleichzeitig der einzige Sohn des Richters ist. Wir weinen und beben in der Stille, die sich nach der Verkündigung unseres Urteils ausbreitet: „Schuldig, im Sinne der Anklage!" Die Endgültigkeit und die Folgenschwere dieses Urteils erschüttert uns, während ein Engel vortritt, um uns hinauszubegleiten.

Doch da erhebt sich unser Anwalt und nimmt sich unseres Falles an. „Vater, es ist gerecht, daß du sie schuldig gesprochen hast. Sie wußte, daß dieser Tag kommen würde und sie hat ihr sündiges Leben gegen meine Herrschaft eingetauscht. Sie hat mir gedient. Durch meinen Tod ist das über sie gefällte Urteil bereits vollstreckt. Die Sünden, die sie begangen hat, sind durch mein Blut ausgelöscht worden."

„Begnadigt", erklärt der Richter.

Jetzt sind wir freigesprochen! Stell dir die Freude und die Erleichterung vor! Ein für allemal sind wir für würdig empfunden worden, Bürger in Gottes Königreich zu sein - nicht wegen dem, was wir getan haben, oder wegen des Lebens, das wir geführt haben, sondern wegen dem, was Jesus getan hat. Seine Gerechtigkeit steht außer Frage und sie wurde uns zugerechnet!

Nun stell dir eine andere Gerichtsszene vor. Auch dieses Mal werden die Sünden vorgelesen, und die Angeklagten werden für schuldig befunden. Unser Anwalt tritt vor den Richter und sagt: „Sie sind zwar schuldig, doch ich habe mein Blut vergossen, um für ihre Schuld zu bezahlen." Unter den Angeklagten befindet sich eine Frau, die diesen Akt der Gnade ablehnt.

Sie erhebt sich und nimmt ihre Verteidigung selbst in die Hand. Der Vermittler eilt ihr rasch zur Seite und warnt sie: „Wenn du dich selbst verteidigst, kann ich deinen Fall nicht länger übernehmen."

Doch sie fährt mit ihrer eigenen, törichten Verteidigungsrede fort: „Es ist nicht mein Fehler; du weißt nicht, was sie mir angetan haben! Laß meine Eltern hierher bringen; *sie* sind schuld!" oder „Ich bin verletzt und abgelehnt worden; deshalb war ich so haßerfüllt. *Diejenigen, die mich verletzt haben,* sind schuld!"

Der Anwalt entgegnet: „Sie sind bereits verurteilt worden. Nicht sie stehen jetzt vor Gericht, sondern *du!*"

„Ich weiß, daß ich all diese Dinge getan habe, aber es war nicht mein Fehler. Ich muß mich schon verteidigen. Es ist einfach ungerecht!"

Obwohl ihre Schuld von Gottes Seite aus hätte ausgelöscht werden können, hielt die Frau sie fest, indem sie versuchte, sich selbst zu rechtfertigen. Dadurch verlor sie ihren Anwalt und stellte sich nun ganz allein in die Bresche zwischen ihrer eigenen sündigen, menschlichen Natur und einem heiligen Gott.

Was denkst du, was diese Frau für ein Urteil bekommen würde? Natürlich würde sie schuldig gesprochen werden. Schuldig der Sünde, der Unversöhnlichkeit, des Unglaubens und der Mißachtung - um nur ein paar wenige Anklagepunkte aufzuzählen. Außerdem hätte sie sich des Vergehens schuldig gemacht, das wertvolle Opfer Christi mißachtet zu haben. Sie würde nicht gemäß der Barmherzigkeit des Neuen Bundes verurteilt werden, sondern nach dem Gesetz, das „Auge um Auge" fordert. „Du hast mir das angetan, deshalb habe ich dir jenes angetan; es ist deine Schuld."

Das mag dir grotesk erscheinen, doch das ist es durchaus nicht. Wenn wir uns selbst rechtfertigen, stehen wir in unserer eigenen Gerechtigkeit vor Gott, und diese ist wie dreckige Lumpen. Unsere Verteidigung kann nicht auf den Faktoren und Beweggründen basieren, die uns zum Handeln veranlaßt haben.

Es reicht zu deiner Rechtsprechung nicht aus, was man *dir* angetan hat; deine Rechtfertigung liegt darin, was *für dich* getan wurde. Auch die guten Werke, die du getan hast, können dich nicht gerecht sprechen. Die einzige Rechtfertigung, die gültig ist, ist der Glaube an das Erlösungswerk Christi. Es kann sein, daß du für das, was du getan hast, belohnt wirst (wie der treue Knecht), doch zu deiner Rechtfertigung wird es nicht genügen.

> *„Daher, wenn jemand in Christus ist, so ist er eine neue Schöpfung; das Alte ist vergangen, siehe, Neues ist geworden."*
>
> \- 2. Korinther 5, 17

Loslassen

Bist du in Christus? Dann *mußt* du das Alte loslassen. Es ist vergangen, und ein völlig neuer Lebensweg ist vor dich gelegt worden. Du mußt dein Maß des Glaubens benutzen, um in dieses neue Leben einzutreten. Laß deine Vergangenheit los, denn *deine Vergangenheit ist nicht deine Zukunft.*

Gott ist der Herr unserer Zukunft. Er hat Pläne mit uns. Er plant stets voraus, damit wir es nicht selbst tun müssen. Alles, was uns zu tun bleibt, ist, Ihm zu vertrauen und Seine Wege zu erkennen. Seine Wege sind höher und weiser, und Er sagt uns eindeutig, wir sollen unsere Vergangenheit vergessen.

In Phil. 3, 13-14 werden wir angehalten, nicht mehr an das, was hinter uns liegt, zu denken. (Damit ist *alles* gemeint - das Gute, das Schlechte und das Unangenehme.) Wir werden angespornt, die Lasten aus der Vergangenheit abzuwerfen und uns nach dem auszustrecken, was vor uns liegt. Nur so können wir die notwendige Kraft aufbringen, um es bis zu unserem Ziel zu schaffen.

Wie viele Marathonläufer tragen einen Rucksack? Selbst wenn sie beim Start einen getragen hätten, würden sie ihn vermutlich rasch ablegen, um jeglichen Ballast abzuwerfen, der sie daran hindern könnte, ans Ziel zu gelangen. Marathonläufer gehen mit so wenig Ballast wie nur irgend möglich ins Rennen, und sie tragen nur das am Körper, was sie für unterwegs unbedingt brauchen. Ein Marathonläufer weiß, daß er seine ganze Kraft für das vor ihm liegende Rennen benötigen wird.

Auch wir befinden uns in einem Wettlauf. Allerdings handelt es sich dabei nicht um ein natürliches, sondern ein geistliches Rennen. Aus diesem Grund ist dieser Wettlauf anders.

> *„Aber der Pfad der Gerechten ist wie das glänzende Morgenlicht, heller und heller erstrahlt es bis zur Tageshöhe."*
>
> \- Sprüche 4, 18

Der Pfad wird immer heller und deutlicher erkennbar, während wir auf ihm gehen. Solange wir vorangehen, wird unser Licht immer strahlender. Wir können nicht vorwärts gehen, wenn wir zurückblicken, deshalb müssen wir uns dem Sohn zuwenden und Seinem Licht folgen. Mit jedem Schritt lassen wir das Reich der Finsternis weiter hinter uns zurück und dringen tiefer in Sein Licht ein, bis es heller scheint als die Sonne am Mittag.

Einige unter uns sind mit schwer gefüllten Rucksäcken ins Rennen gegangen, weil sie versuchen, ihre Vergangenheit mit in die Zukunft zu nehmen. Andere schauen zurück. Vielleicht befürchten sie, ihre Zukunft könnte genauso schlimm werden wie ihre Vergangenheit. Es ist höchste Zeit, die Vergangenheit zu begraben.

Wenn wir unsere Vergangenheit als Entschuldigung für unser heutiges Benehmen gebrauchen, sagen wir: „Ich habe das Recht, mich so zu verhalten, weil man mir dies oder jenes angetan hat." Eine solche Einstellung offenbart, daß wir in unserem Herzen nicht vergeben haben. Vergebung ist das Fundament des Evangeliums. Wenn es keine Vergebung gäbe, könnten unsere Sünden nicht ausgelöscht werden. Wenn wir nicht bereit sind zu vergeben, ketten wir uns selbst an unsere Vergangenheit.

> *„Und richtet nicht, und ihr werdet nicht gerichtet werden; und verurteilt nicht, und ihr werdet nicht verurteilt werden. Laßt los, und ihr werdet losgelassen werden."*
>
> \- Lukas 6, 37

Durch Unversöhnlichkeit verlieren wir zwangsläufig die Tatsache aus den Augen, daß wir selbst Vergebung brauchen. Wir haben die göttliche Zusage, daß uns vergeben wird, wenn wir anderen vergeben. Wenn wir allerdings *nicht vergeben*, kommt die ganze Last unserer eigenen Sünde auf uns zurück und drückt uns nieder. Die Vergebung Gottes ist die einzige Kraft, die uns von unserer Vergangenheit *erlöst.* Wir können sogar andere freisetzen, denn *„wenn ihr jemandem die Sünden vergebt, dem sind sie vergeben, wenn ihr sie jemandem behaltet, sind sie ihm behalten"* (Joh. 20, 23). Doch denke auch daran - wenn wir anderen nicht vergeben, wird auch uns *nicht vergeben werden.* Manche unter uns haben sich geweigert zu vergeben, um jemanden dadurch zu strafen... doch letztendlich bestrafen wir durch ein solches Verhalten nur uns selbst. Ist es das wert?

Die Kraft der Vergebung

Wir waren noch nicht lange verheiratet, als John etwas tat, das mich sehr verletzte. Dies wiederholte sich einige Male. John kam zwar anschließend immer zu mir und bat mich um Verzeihung. Doch ich lehnte seine Entschuldigung ab.„Ich glaube erst dann, daß es dir leid tut, *wenn du dich änderst!"*

Ich fand meine Reaktion in Ordnung. Meiner Meinung nach mußte ich John erst dann vergeben, wenn er bewiesen hatte, daß er es wert war. So ging das eine Weile. Mit jeder weiteren Verletzung, die John mir zufügte, fühlte ich mich in meiner Überzeugung bestärkt, ihm nicht vergeben zu müssen. Wenn er sich entschuldigte, reagierte ich verletzt und fuhr ihn an:„Ich *habe gewußt,* daß es dir nicht wirklich leid getan hat! *Du hast es ja schon wieder getan!* Ich will deine Entschuldigung gar nicht mehr hören!"

Ich war bitter geworden und litt unter diesem Zustand, weil ich ihm die ganze Zeit über nicht vergeben hatte. Der Fall wiederholte sich; jetzt war ich sauer auf Gott *und* John. Ich vertiefte mich ins Gebet und bat den Herrn, meinen Ehemann zu verändern. Der Heilige Geist gab mir folgende Antwort:„John kann sich gar nicht ändern, *solange du ihm nicht vergibst."* „Ich glaube gar nicht, daß es ihm wirklich leid tut", argumentierte ich. „Wenn es so wäre, würde er damit aufhören! Warum bin ich immer für alles verantwortlich? Warum bin ich immer diejenige, die sich ändern muß? Ich bin es doch, die verletzt wurde!" „Sag John, daß du ihm glaubst, er wolle sich ändern, und daß du ihm verzeihst."

Gott hatte mir einige eindeutige Anweisungen gegeben, ohne dabei auch nur ein Wort über Johns Verhalten zu verlieren. Ich hatte mir gewünscht, Er würde John zurechtweisen... vielleicht in einem

Traum zu ihm sprechen und ihm einen gehörigen Schrecken einjagen. Doch Gott war nicht an meinen Vorstellungen interessiert, statt dessen eröffnete Er mir einige Möglichkeiten. Nun stand ich vor der Wahl, Seiner Anweisung zu gehorchen und John zu vergeben und ihn dadurch freizusetzen oder ungehorsam zu sein und weiterhin die Beleidigte zu spielen. Mir war beigebracht worden, man könne nur dadurch, daß man sich änderte, beweisen, daß es einem leid tat.

Gott hatte mich herausgefordert, auf Johns Verletzung mit Barmherzigkeit zu reagieren, obwohl ich der Meinung war, er habe es nicht verdient. Das ist das Schöne an der Barmherzigkeit. Man kann sie nicht erringen, und sie wird uns erwiesen, wenn wir sie am wenigsten verdient haben, denn gerade dann brauchen wir sie am dringendsten!

Ich ging zu John und teilte ihm mit, was Gott mir gesagt hatte. Ich entschuldigte mich bei ihm dafür, daß ich ihn durch meine unversöhnliche Haltung bestraft hatte. Auf diese Weise hatte ich versucht, mich zu schützen, doch im Endeffekt hatte ich durch mein Verhalten sogar uns beiden weh getan. Als ich nun Gottes Anweisungen gehorchte, wurde Seine Kraft in dieser Situation wirksam, so daß wir geheilt und wiederhergestellt werden konnten.

Dies war eine Stunde der Wahrheit für mich, und es sollten noch weitere folgen. Einige von ihnen veranlaßten mich, in meinem eigenen Herzen Inventur zu machen, und ich mußte feststellen, daß mir nicht alles gefiel, was ich dort entdeckte. Ich hatte jemand anderem die Schuld gegeben. So hatte ich mich wohler in meiner Haut gefühlt, da ich die Verantwortung für mein Handeln von mir geschoben hatte. Richtig?

Das tat ich einige Zeit lang in der Hoffnung, ich würde mich dann besser fühlen. Ich hatte ganz vergessen, daß ich auch meine eigene Vergangenheit wieder ausgrub, wenn ich anderen die ihre vorhielt. Wenn ich meine Lieben für ihre Vergangenheit verantwortlich machte, dann mußte Gott auch mich für meine eigene zur Rechenschaft ziehen. Du mußt bedenken, daß Er uns nach demselben Maßstab richtet, mit dem wir andere messen.

Wir können die Schrift nicht nach unserem eigenen Gutdünken zerpflücken und auslegen. Wenn der Teufel uns unsere eigene Vergangenheit vorhält, verteidigen wir uns sehr schnell und sagen: „Das ist unter dem Blut!“ oder „Mein altes ich ist tot!“ Wenn das stimmt - und dem ist tatsächlich so - , warum sollten wir es dann wieder auferwecken?

Wir tun es, um uns selbst zu rechtfertigen. Uns vor den irdischen Gerichten selbst zu verteidigen wäre ebenso dumm, wie wenn wir uns vor dem himmlischen rechtfertigen würden. „Weißt du, ich stamme aus einer zerrütteten Familie. Deshalb kann ich daran nichts ändern. So bin ich eben.“ Nein, so *warst* du, bevor du errettet wurdest. Du mußt diesen Lebensstil nicht fortsetzen und dein ehemaliges Verhalten beibehalten. Oftmals benutzen wir die Tatsache, daß wir in der Vergangenheit mißbraucht worden sind, als „Berechtigungsschein“ für eine Sonderbehandlung in der Gegenwart. Wir haben uns selbst eingeredet, wir bräuchten uns nicht zu ändern, da Gott wisse, daß es sich bei uns um einen besonderen Fall handle - als ob der Tod Jesu nicht ausgereicht habe, um auch uns zu heilen und wiederherzustellen. Doch die Wahrheit ist, daß Sein Tod sehr wohl *genügt hat* - und ganz gleich wie schmerzhaft deine Vergangenheit auch gewesen sein mag, am Kreuz wurdest du von ihrer Macht befreit.

Es ist erwähnenswert, daß Jesus, obwohl Er sich voller Gnade vor Gott für uns verwendet, nicht als Mittler zwischen uns Gläubigen auftritt. Er hat uns genaue Anweisungen gegeben, wie wir einander behandeln sollen, und deshalb wird Er sich nicht einmischen, wenn wir diese Richtlinien nicht befolgen.

Selbst als Jesus auf der Erde war, hat Er derartige Streitigkeiten nicht geschlichtet. „Er aber sprach zu ihm: Mensch, wer hat mich zu einem Richter oder Erbteiler über euch gesetzt?“ (Luk. 12, 14). Moment mal! Hatte Gott Ihn nicht als Richter und Schlichter eingesetzt? Nicht zwischen den Kindern Gottes! Jesus ist Seinem Vater völlig gehorsam, so daß Er die Stellung Gottes als alleiniger Richter über Seine Kinder respektiert. Obwohl Jesus die Weisheit besessen hätte, ein gerechtes Urteil zu fällen, weigerte Er sich, es zu tun. Statt dessen führte Jesus ein Leben im völligen Gehorsam, damit Er unser Mittler sein konnte.

In Joh. 12, 47 beschreibt Jesus Seine Rolle: *„...und wenn jemand meine Worte hört und nicht befolgt, so richte ich ihn nicht, denn ich bin nicht gekommen, daß ich die Welt richte, sondern daß ich die Welt errette."* Er gab Anweisungen, überließ jedoch jedem einzelnen die Entscheidung, ob er Sein Wort befolgen wollte oder nicht. Jesus war ein Leiter, der keine Kontrolle ausübte. Er *zwang* niemanden, Ihm zu folgen.

Welche Worte hat Er unter anderem an uns gerichtet?

> *„Ich aber sage euch: Liebt eure Feinde, und betet für die, die euch verfolgen, damit ihr Söhne eures Vaters seid, der in den Himmeln ist; denn er läßt seine Sonne aufgehen über Böse und Gute und läßt regnen über Gerechte und Ungerechte."*
>
> \- Matthäus 5, 44-45

> *„Ich aber sage euch: Widersteht nicht dem Bösen, sondern wenn jemand dich auf deine rechte Backe schlagen wird, dem biete auch die andere dar;..."*
>
> \- Matthäus 5, 39

Menschen, die eine Vergangenheit haben, handeln nicht auf diese Weise, denn sie würden sagen: „Ich habe es versucht, und ich bin dabei verletzt worden." Menschen mit Vergangenheit können nicht in der Gegenwart leben, denn...

> *„Niemand, der seine Hand an den Pflug gelegt hat und zurückblickt, ist tauglich für das Reich Gottes."*
>
> \- Lukas 9, 62

Schau nicht zurück!

Wenn wir zurückschauen, sind wir untauglich für den Dienst in Gottes Königreich. Wir müssen unsere Hände fest entschlossen an den Pflug legen und vorwärts schieben. Wenn wir zurückblicken, während wir pflügen, werden die Furchen ungerade, und wir riskieren, daß die Klingen Steine oder Baumstümpfe rammen und abgebrochen werden. Wer pflügt, muß das Feld, das vor ihm liegt, genau im Auge behalten.

Die Vergangenheit ist ausgelöscht. Sie existiert nicht mehr. Wir müssen damit aufhören, die Lebenden unter den Toten zu suchen. Wenn wir es erlauben, daß unsere Augen zurückblicken, werden wir vergessen, daß wir reingewaschen worden sind, und anfangen, Ausreden zu finden.

Wenn wir uns selbst im Spiegel betrachten, fällt uns wieder ein, was für ein Mensch wir früher *gewesen sind*, und dabei verlieren wir aus den Augen, wie *wir heute sind.*

Es ist höchste Zeit, daß wir unsere Blickrichtung ändern. Die Zeit ist gekommen, um loszulassen. *Du bist nicht das, was du getan hast. Du bist auch nicht das, was man dir angetan hat. Du bist aus der Domäne der Finsternis in Gottes Reich des Lichts versetzt worden.*

Dein Wert kann nicht daran gemessen werden, *was du getan hast,* sondern er liegt in dem, *was Jesus für dich getan hat.* Wenn du wirklich glaubst, daß das, was Er getan hat, ausgereicht hat, um deine Sünden wegzuwaschen, dann mußt du auch anerkennen, daß damit auch deine Vergangenheit ausgelöscht worden ist. Es gibt keine Ausnahmefälle. Du bist nicht länger eine Frau mit Vergangenheit.... jetzt bist du eine Frau mit Zukunft. Bist du bereit dafür?

Zunächst mußt du all denjenigen, die dich verletzt haben, vergeben und sie freisetzen.

Vater, vergib mir, daß ich an den Sünden derjenigen, die mir wehgetan haben, festgehalten und sie im Gedächtnis bewahrt habe. Ich habe erkannt, daß ich mich selbst gebunden habe, indem ich sie darin gefangengehalten habe. Ich vergebe ihnen; sie schulden mir nichts. Ich gebe Barmherzigkeit weiter, weil sie Barmherzigkeit brauchen. Im Namen Jesu, Amen.

(Notiere an dieser Stelle oder auf einem gesonderten Blatt Papier die Namen derer, denen du vergeben hast.)

____

____

Vater, vergib mir, daß ich meine Vergangenheit dazu benutzt habe, um meinen gegenwärtigen Zustand zu rechtfertigen. Jesus, ich berge mich in Dir als meine Rechtfertigung und Gerechtigkeit. Ich habe mich entschieden, das neue Leben zu führen, meine Augen von mir selbst abzuwenden und auf dein Wort zu schauen. Ich will nicht nur ein Hörer sein, sondern handeln. Dann wird mein Urteilsvermögen klar und präzise bleiben. Ich erhebe mich aus dem Staub meiner Vergangenheit und lasse die ganze Last der Schuld und alle Angst hinter mir. Von diesem Tag an ___________ (Setze das Datum ein!) habe ich keine Vergangenheit mehr. Ich werde mich nicht mehr nach ihr umdrehen. Ich gehe vorwärts.

Es gibt bestimmte Erinnerungen und Ängste aus deiner Vergangenheit, die sich in dein gegenwärtiges Leben eingeschlichen haben und versuchen, die Zukunft, die Gott für dich geplant hat, zu infiltrieren. Es wird Zeit, daß du Jesus erlaubst, sie zu begraben. Laß sie Ihn im tiefen Meer der Vergessenheit versenken und dann rede nicht mehr davon. Laß sie dort, auf dem stillen Grund des göttlichen Meeres, ruhen!

Notiere jetzt, wenn du dir sicher bist, daß du deine Vergangenheit mit all den damit verbundenen Erinnerungen und Ängsten Jesus übergeben hast, die Dinge, die der Heilige Geist dir ins Gedächtnis ruft.

____

____

Ich möchte nun, daß du zu diesen Erinnerungen und Ängsten sprichst. Sage ihnen, daß du eine neue Schöpfung bist und daß das Alte vergangen ist und keine Macht mehr über dich hat. Gebrauche deine Autorität anhand Gottes Wort und proklamiere diese Wahrheit über dein Leben.

Du hast dich von der Last und dem Joch deiner Vergangenheit befreit. Laß sie hinter dir und richte deine Augen auf Gottes Gesetz der Freiheit. Dazu benötigst du Glauben und Mut. Gott hat dir bereits das notwendige Maß des Glaubens oder „Talent" gegeben, damit du das tun kannst. Grabe es aus und gehe voran!

Der Vergangenheit entfliehen

Wenn uns die Sicht nicht versperrt ist,

werden wir die Wahrheit erkennen,

denn Er ist der Weg, die Wahrheit und das Leben.

Diejenigen, die die Wahrheit nicht fürchten,

werden sie dankbar annehmen.

7

Die Enthüllung

„Dann aber, wenn es (Israel) *sich zum Herrn wendet, wird die Decke weggenommen."*

- 2. Korinther 3, 16

Du hast dein Talent ausgegraben. Jetzt ist die Zeit gekommen, die Decke zu entfernen. Man verdeckt etwas, weil man es verbergen, verhüllen oder verschleiern will. Viele antike und auch moderne Religionen gebieten den Frauen, sich zu verschleiern und sich weite Gewänder anzuziehen, um ihr Gesicht und ihre Körperformen vor der Öffentlichkeit zu verbergen. Dies sind natürliche, äußerliche Verschleierungsarten, um die weiblichen Körperkonturen zu verdecken.

Der christliche Glaube verlangt von Frauen nicht, sich zu verhüllen. Wir sind nicht selten stolz darauf, daß wir nicht an solche Verschleierungsgebote gebunden sind. Und doch sind wir oftmals in etliche Decken gehüllt, ohne uns dessen bewußt zu sein.

Wir können einen Vorhang absichtlich dazu benutzen, um uns vor anderen zu verstecken. Nachdem Mose vierzig Tage lang auf dem Berg mit Gott verbracht hatte, legte er eine Decke über sein Gesicht, um die Herrlichkeit Gottes, die immer noch von ihm ausstrahlte, zu verdecken.

„Sooft aber Mose vor den Herrn hineinging, um mit ihm zu reden, legte er die Decke ab, bis er hinausging. Dann ging er hinaus, um zu den Söhnen Israel zu reden, was ihm aufgetragen war."

- 2. Mose 34, 34-35

Es wird uns hier mitgeteilt, daß das Gesicht des Mose leuchtete, weil er mit dem Herrn gesprochen hatte (2. Mose 34, 29). Die Israeliten erkannten, daß dieses Leuchten die Folge davon war, daß Mose in der Gegenwart Gottes gewesen war. Mose zeigte ihnen das Leuchten, das auf seinem Gesicht lag, während er ihnen die Worte Gottes übermittelte; dann verhüllte er sich. Er verdeckte die Herrlichkeit Gottes, bis er wieder mit Gott zusammentraf. In Seiner Gegenwart enthüllte Mose sein Gesicht und sprach von Mann zu Mann mit Gott, wie man mit einem Freund redet. Den Menschen war sein Gesicht zwar verborgen, doch vor Gott war es unverhüllt.

Vor dem Opfertod Jesu war jeder von uns durch einen Vorhang von der Gegenwart Gottes getrennt. Kein Mensch durfte einen Blick in das Allerheiligste werfen, nur dem Hohenpriester war dies erlaubt. Ein dicker Vorhang trennte das Allerheiligste vom Heiligtum. Nur dem Hohenpriester war der Zutritt gestattet und auch nur dann, wenn er das Blut zur Sühnung der Sünden hineinbrachte.

Als Jesus starb, wurde dieser schwere, mehrschichtige und bunte Vorhang zerrissen.

> *„Und siehe, der Vorhang des Tempels zerriß in zwei Stücke, von oben bis unten; und die Erde erbebte, und die Felsen zerrissen,..."*
>
> - Matthäus 27, 51

Das war eine übernatürliche Demonstration. Der Vorhang war so dick, daß es einem Menschen sehr schwer gefallen wäre, ihn von unten nach oben auseinanderzureißen, ihn jedoch von oben nach unten zu zerreißen, war einfach unmöglich. Doch an dem Tag, an dem Jesus starb, zersprangen sogar die Felsen.

Am Anfang trug Gott Seinem Volk auf, Altäre auf Felsen zu errichten, die weder behauen noch gemeißelt sein durften. Auf die Altäre aus Stein folgte die Stiftshütte des Mose, dann der Tempel. Durch das Zerbersten der Felsen brachte Gott das Konzept der alten Ordnung zur Vollendung. Das Alte war beendet, und ein neuer, lebendiger Weg war geschaffen worden. Vom ersten Steinaltar bis hin zum Zeitpunkt, als der Vorhang im Tempel zerriß, war das Gesetz und die mosaische Ordnung dem Gesetz des Geistes unterworfen.

Nachdem der Vorhang entfernt worden war, hatte man freien Einblick in das Innere des Allerheiligsten. Doch obwohl es nicht mehr verdeckt war, konnten viele Israeliten es noch immer nicht sehen.

> *„Aber ihr Sinn ist verstockt worden, denn bis auf den heutigen Tag bleibt dieselbe Decke auf der Vorlesung des Alten Testaments und wird nicht aufgedeckt, weil sie nur in Christus beseitigt wird. Aber bis heute, sooft Mose gelesen wird, liegt eine Decke auf ihrem Herzen."*
>
> \- 2. Korinther 3, 14-15

Die Entfernung des Vorhangs

Nur in Christus kann die Decke, die auf unserem Herzen liegt, weggenommen werden. Das Gesetz ist dazu nicht in der Lage, denn es hat ja unser Herz umhüllt.

Wenn wir aus dem Buch Mose vorlesen, hören wir das Gesetz. Die Israeliten wollten sehen, doch sie hatten Angst, einen Blick zu riskieren. Sie wollten gerne hören, doch sie fürchteten sich davor, was ihnen zu Ohren kommen würde. Die Kinder Israels kamen zu Mose und sagten zu ihm: „Rede du an unserer Stelle mit Gott. Wir wollen nicht mit Ihm sprechen. Sei du unser Fürsprecher, sei unser Mittler. Sage uns, was Er uns aufträgt, und wir werden es tun."

> *„Und das ganze Volk nahm den Donner wahr, die Flammen, den Hörnerschall und den rauchenden Berg. Als nun das Volk das wahrnahm, zitterten sie, blieben von ferne stehen und sagten zu Mose: Rede du mit uns, dann wollen wir hören! Aber Gott soll nicht mit uns reden, damit wir nicht sterben."*
>
> 2. Mose 20, 18-19

Dies trennte die Israeliten von einer direkten Begegnung mit Gott. Sie kannten nur den Menschen Mose, der Kontakt zu Gott hatte. Aus diesem Grunde hatte sich das Volk in eine Position befördert, in der sie etwas *über* Gott wußten, Ihn aber nicht persönlich kannten.

Du kannst alles über jemanden wissen und die betreffende Person trotzdem nicht erkennen, wenn sie auf der Straße an dir vorbeigeht.

Die wahre Größe einer Frau

Du hast eben nur von ihr gehört, sie aber nie gesehen; deshalb würdest du sie nicht erkennen, selbst wenn sie direkt vor dir stehen würde.

Umgekehrt kann es aber auch sein, daß du weißt, wie jemand aussieht, obwohl du dessen Stimme noch nie gehört hast. Wenn du noch nie mit dem Betreffenden gesprochen hast, wie kannst du dann seine Stimme erkennen, wenn er dich anruft? Nur wenn du jemanden gesehen und gehört hast, wirst du in der Lage sein, Gesicht und Stimme zusammenzubringen.

Jesus kam als Immanuel, als Gott mit uns. Er war Gott in einem menschlichen Körper. Man konnte Ihn anschauen, hören, mit Ihm sprechen und Ihn anfassen. Im Gegensatz dazu konnten die Israeliten sich nicht einmal dem Fuß des Berges nähern, als Gott auf Seinem Berg erschien, um zu ihnen zu sprechen. Die Überschreitung solcher Grenzen führte unwillkürlich zum Tod.

Jesus wurde von einer Menge Israeliten und einigen Heiden angerempelt, herumgestoßen und berührt. Doch das Feuer Gottes wurde nicht entfacht, um die Menschen zu verzehren; statt dessen entflammte es und heilte sie. In Jesus vereinigen sich Gottes Wort, Sein heiliges Feuer und Seine grenzenlose Liebe.

Das Gesetz verschleiert unser Herz durch die Angst, verurteilt zu werden. Das göttliche Gesetz warf seine Schatten auf die Israeliten und ließ sie bei seiner Verkündigung erzittern. Sie wagten nicht, sich Gott zu nähern und zogen sich zurück, während Mose auf Ihn zuging.

Anders bei Jesus. Ihm folgten ganze Menschenmengen nach, während die religiösen Leiter ihn mieden, um einen Plan zu schmieden, wie sie Ihn umbringen konnten. Obwohl sie über Ihn in den Schriften nachgeforscht hatten, erkannten sie Ihn weder an Seiner Stimme noch an Seinem Gesicht. Sie hatten Umgang mit Ihm, stellten Ihm Fragen, doch der Schleier vor ihrem Herzen, der sie blind machte, blieb. Und ihr Schleier war noch dicker als der Vorhang im Tempel.

Es gibt nur einen Weg, diesen Schleier zu entfernen, der aus der Furcht vor dem Gericht resultiert. Und dieser Weg ist Umkehr oder Buße. Paulus beschreibt die geistliche Bedeutung dieses Schleiers, der weggenommen wird:

> *„Dann aber, wenn es sich zum Herrn wendet, wird die Decke weggenommen."*
>
> \- 2. Korinther 3, 16

Wenn wir reuevoll zum Herrn umkehren, wird der Schleier von unserem Herzen weggenommen. Dann wird der Schleier, der uns die Sicht versperrt hat, entfernt, so daß wir die Wahrheit klar erkennen können. Vorher konnten wir alles um uns herum nur verschwommen wahrnehmen und Formen und Konturen nur erahnen. Doch sobald die Decke weggenommen wird, ist alles klar erkennbar. Dann sind wir frei.

> *„Der Herr aber ist der Geist; wo aber der Geist des Herrn ist, ist Freiheit. Wir alle aber schauen mit aufgedecktem Angesicht die Herrlichkeit des Herrn an und werden so verwandelt in dasselbe Bild von Herrlichkeit zu Herrlichkeit, wie es vom Herrn, dem Geist geschieht."*
>
> \- 2. Korinther 3, 17-18

Sobald unser Gesicht entschleiert worden ist, können wir unser wahres Aussehen im Spiegel erkennen. Wenn wir uns verhüllen und uns dann betrachten würden, könnten wir unser wahres Bild nicht erkennen. Wir könnten lediglich die verdeckten Umrisse unserer Gesichtszüge wahrnehmen, je nachdem, wieviel verdeckt wurde. Und die anderen wüßten niemals wirklich sicher, ob sich hinter dem Schleier ein Lächeln oder ein finsterer Blick verbirgt.

Durch Jesus wurde dieser Schleier, der die Wahrnehmung verzerrt, weggerissen. Nun können wir mit unseren Augen ein Stück der offenbarten Herrlichkeit Gottes sehen. Wir können ihr strahlendes Licht erkennen. Und wie Mose tauchen wir in Gottes herrliche Gegenwart ein. Während wir Seine Schönheit und Wahrhaftigkeit genießen, dringt Sein Licht in uns ein, und wir spiegeln lediglich das wider, was wir empfangen haben. Auf diese Weise beginnt ein Umwandlungsprozeß, durch den wir in Sein Ebenbild verwandelt werden, von Herrlichkeit zu Herrlichkeit.

Wenn uns die Sicht nicht versperrt ist, werden wir die Wahrheit erkennen, denn Er ist der Weg, die Wahrheit und das Leben. Diejenigen, die die Wahrheit nicht mehr fürchten, werden sie dankbar aufnehmen. Im Licht Seiner Barmherzigkeit und Gnade werden wir sie als die Wahrheit erkennen, die sie tatsächlich ist.

Bevor wir uns Christus zugewendet hatten, setzte die Wahrheit uns nicht frei; sie verdammte uns vielmehr, denn als wir die Wahrheit entdeckten, erkannten wir auch, daß wir ihr nicht entsprachen. Wir wandten uns von ihr ab, weil unsere eigenen Vorstellungen so weit von ihr entfernt waren. Aus Furcht vor Verurteilung rannten wir davon und verbargen uns hinter dem Gesetz oder versteckten uns vor Gott.

Unser Herz verurteilte uns, deshalb verhüllten wir es mit einer Decke in der Hoffnung, wir könnten auf diese Weise unsere Ängste beruhigen und ersticken. Doch die Angst blieb. Dann kamen wir zu Christus.

Nun bringt uns dieselbe Wahrheit, die uns zuvor verurteilt hat, Leben und Freiheit. Statt Gericht entdecken wir jetzt Freiheit in der Wahrheit. Je mehr wir von der Wahrheit erkennen, desto mehr werden wir verändert. Und dadurch steigt unsere Fähigkeit, das Licht Gottes auszustrahlen.

Verhüllte Herzen

Ein verhülltes Herz bleibt vor Gott nicht verborgen. Es hindert uns lediglich daran, klar zu sehen, und führt uns zu dem Trugschluß, wir würden nicht entdeckt werden.

Ich trage Kontaktlinsen oder eine Brille, um meine Sicht zu verbessern. Bevor ich sie trug, war ich irrtümlicherweise der Meinung gewesen, daß, wenn ich jemanden nicht sehen konnte, er mich auch nicht sehen würde. Wenn ich im Auto saß und Musik hörte, sang ich mit und bewegte meinen Kopf im Rhythmus, ohne mir der Anwesenheit der Autofahrer auf der anderen Seite bewußt zu sein. Wenn ich sie nicht erkennen konnte, sahen sie mich sicherlich auch nicht! Als ich meine Brille bekam, warf ich dem Optiker vor: „Diese Gläser sind zu stark! Ich kann ja alles sehen!" „Das sollen sie ja auch!", erwiderte er. „Nein, Sie verstehen mich nicht richtig!", beharrte ich. „Ich kann sogar die Blätter an den Bäumen erkennen."

Mit meiner eingeschränkten Sicht hatte ich früher eine weichgefilterte, verschwommene Welt gesehen. Bäume waren für mich braune Stämme mit zarten, glänzenden grünen Klecksen. Ich war davon überzeugt, daß ich dieselben Bilder nicht schärfer, sondern nur größer sehen würde, nachdem ich eine Sehhilfe erhalten hatte. Nachdem ich eine Brille hatte, erschien mir meine Welt kleiner und nicht mehr so privat zu sein wie zuvor. Ich erkannte jetzt nicht nur die Autos, sondern auch die Menschen, die darin saßen. Und ich fragte mich, wie oft mir wohl jemand, den ich kannte, zugewinkt hatte und von mir statt eines freundlichen Lächelns nur einen starren Blick zurückbekommen hatte.

Durch meine Kurzsichtigkeit war meine Sicht verschleiert gewesen. Nachdem der Schleier entfernt worden war, konnte ich klar sehen - manchmal deutlicher als mir lieb war. Ich hatte den „Weichfilter" geschätzt, wenn ich mein Gesicht betrachtet hatte. Doch nun, im erbarmungslosen Licht der Wirklichkeit, sah ich jeden Flecken und jede Pore. Als ich eines Tages in den Spiegel schaute, fragte ich meinen Mann: „Siehst du mich so?"

„Was meinst du damit, ob ich dich *so* sehe?", fragte er verständnislos.

„Kannst du *das* sehen?", fragte ich, während ich auf eine Sommersprosse in meinem Gesicht zeigte.

„Ja!"

„Kannst du *das* sehen?", fragte ich weiter und zeigte auf eine Hautunreinheit.

„Ja."

„Hast du das schon immer gesehen? Seitdem ich deutlich sehen kann, bin ich mit meinem Aussehen nicht zufrieden!", murmelte ich, während ich mich vom Spiegel abwendete und meine Brille abnahm.

John stellte sich hinter mich und drehte mich wieder zum Spiegel hin. „Möchtest du hören, was ich sehe?"

Das wollte ich gerne, doch ich zuckte nur mit den Achseln.

„Setz deine Brille auf und schau in den Spiegel!", forderte mich John auf.

Während er hinter mir stand, zählte er mir alles auf, was er sah, wenn er mich anschaute. Er hob alle Dinge hervor, die ihm an meinen Gesichtszügen besonders gefielen. Dadurch wurde meine Aufmerksamkeit von den Makeln und Unreinheiten weg- und auf die Liebe gerichtet, die über all diese Fehler hinwegsah. Und ich betrachtete das Gute, das John an mir sah, eingehender.

Dasselbe tut Gott mit uns. Wenn wir uns erstmals von unseren Sünden abwenden und uns so sehen, wie wir sind, gefällt uns das nicht, was wir sehen. Wir entdecken immer noch Spuren und Überreste - Makel, Flecken und Runzeln - aus unserem früheren Leben. In der göttlichen Klarheit sehen wir unsere Mängel wie durch ein Vergrößerungsglas.

Auf dieselbe Weise hatte ich dem Feind erlaubt, meine durch die Brille verbesserte Sicht zu benutzen, um meine Aufmerksamkeit auf meine Unzulänglichkeiten zu lenken. Diese Mängel hatte ich schon immer gehabt, und ich war trotzdem geliebt worden.

Unsere Fehler waren schon immer vorhanden, doch Gott liebt uns trotzdem. Er weiß, daß wir Ihn deutlich wahrnehmen werden, wenn unsere unscharfe, verschleierte Sicht korrigiert worden ist.

Der Feind möchte, daß wir unser geschärftes Auge nun in negativer Weise auf uns selbst richten. Doch der Heilige Geist ermutigt uns, weiterhin... *mit aufgedecktem Angesicht die Herrlichkeit des Herrn*

anzuschauen. Wir schauen in dieser Deutlichkeit und Klarheit nicht auf uns, sondern auf den Herrn.
Wenn wir uns selbst betrachten, werden wir nicht verwandelt... wir werden vielmehr entmutigt. Diese Perspektive begrenzt uns auf uns selbst. Aber wenn wir die Herrlichkeit des Herrn betrachten, dann *werden wir verwandelt in dasselbe Bild.*

Im Heiligen Geist die Dinge eingehender anzuschauen bedeutet, unser Augenmerk nicht länger auf uns selbst, sondern auf Christus zu richten, der die Hoffnung der Herrlichkeit ist. Er spricht in liebevollen, tröstenden Worten zu uns, während Er uns geduldig von offensichtlichen Dingen weg Herrlichkeit hinführt, die man mit bloßem Auge nicht sehen kann.

Ist dein „Image" wirklich alles?

In der Welt gilt die Regel: „Dein äußeres Erscheinungsbild ist, was zählt. `Image´ ist alles!" In der Welt *ist* das so. Der weltliche Mensch schaut in den Spiegel und nimmt alles wie durch einen Schleier wahr. Die Menschen in der Welt beschränken sich auf Selbstdarstellung, während wir in *Gottes Ebenbild* verwandelt werden.

Die Selbstdarstellung ist davon abhängig, wie man aussieht, was man anzieht, was man besitzt und mit wem man verkehrt. Es dreht sich hauptsächlich um Schönheit, Jugend, Talent und Geld. All diese Faktoren können variieren und mit zunehmendem Alter abnehmen.

Unserem Erscheinungsbild als Christen, kann der Verlust unserer Jugend nichts anhaben. Es kann nicht mit Geld gekauft werden. Man kann es sich auch nicht durch Talent oder Fähigkeit aneignen. Unser Bild entsteht dadurch, daß wir unseren Vater, so wie Jesus Ihn uns präsentiert betrachten und uns in Seinem Wort waschen.

Gott möchte nicht, daß wir unser Gesicht bedecken, wie Mose es getan hat. Er möchte, daß wir in Seine Gegenwart eintauchen und dann Sein Licht widerspiegeln, so daß andere es sehen können.

„Da wir nun eine solche Hoffnung haben, so gehen wir mit großer Freimütigkeit vor und tun nicht wie Mose, der eine Decke über sein Angesicht legte, damit die Söhne Israels nicht auf das Ende des Vergehenden blicken sollten."

- 2. Korinther 3, 12-13

Da wir eine Hoffnung haben, sind wir sehr *kühn*. Mose verhüllte das verblassende Licht des Gesetzes. Obwohl es von Gott inspiriert und herrlich war, war es doch zeitlich und vergänglich:

„Denn wenn das Vergehende in Herrlichkeit war, wieviel mehr besteht das Bleibende in Herrlichkeit!"

- 2. Korinther 3, 11

Alles, was man unter dem Gesetz sehen konnte, war der Schleier: Man konnte nur den Vorhang sehen, der die Menschen von Gott trennte. Doch unser Evangelium ist herrlicher. Es ist aufgedeckt worden, damit wir es mit unseren Augen sehen können. Keine dicke Wolke hüllt es ein, und es ist auch nicht durch einen dicken Vorhang abgetrennt. Es ist für alle da, die sich zu Christus hinwenden.

„Wenn aber unser Evangelium doch verdeckt ist, so ist es nur bei denen verdeckt, die verlorengehen, den Ungläubigen, bei denen der Gott dieser Welt den Sinn verblendet hat, damit sie den Lichtglanz des Evangeliums von der Herrlichkeit des Christus, der Gottes Bild ist, nicht sehen."

- 2. Korinther 4, 3-4

Wer ist der Gott dieser Welt? Ich glaube, darüber gibt es mehrere Aspekte, die zu berücksichtigen sind, doch hauptsächlich handelt es sich dabei um Selbstverherrlichung in dem Sinne, daß wir *uns selbst* zu Gott gemacht haben. Dies geschieht, wenn wir selbst bestimmen, egoistisch, befangen, eigensüchtig, nur auf unseren eigenen Vorteil bedacht und *egozentrisch* sind. Es passiert dann, wenn wir selbst das Zentrum unseres Universums sind. Diejenigen, die keine Hoffnung haben, leben hinter Schleiern - solche Schleier können Schuld, Furcht, Unglauben, Stolz, Religion, Materialismus und Rebellion sein. Sie betrügen sich selbst, um sich vor Gott zu verstecken.

„...und kein Geschöpf ist vor ihm unsichtbar, sondern alles bloß und aufgedeckt vor den Augen dessen, mit dem wir es zu tun haben."
- Hebräer 4, 13

All diese Schleier können uns letztendlich nicht vor der durchdringenden, einschneidenden Wahrheit schützen. Jeder von uns wird durch ihr Licht entweder verwandelt oder gerichtet. Wer sich hinter dem Vorhang versteckt, ist nicht sicher; wenn wir uns zum Licht hinwenden, werden wir verändert.

Bildhaft gesprochen ist es, wie wenn wir aus einem dunklen, feuchtkalten Keller herauskommen und in die Wärme und das Licht eines sonnigen Gartens hineintreten. Die Frühlingssonne empfängt dich sogleich mit ihren wärmenden Strahlen. Während du still dasitzt, spürst du, wie die Wärme der Sonnenstrahlen durch deine Kleidung bis in deine Knochen dringt. Ein Stuhl lädt dich ein, dich zu setzen und dich in der sanften Wärme des Sonnenlichtes zu baden, bis jedes fröstelnde Erschauern, das dir noch vom kalten Keller anhaftete, verschwunden ist.

Wenn du wieder ins Haus hineingehst, wirst du im Spiegel an einer Rötung deiner Haut entdecken, daß die glühende Sonne ihre Spuren hinterlassen hat. Wer dich anschaut, wird wissen, daß du in der Sonne gewesen bist. Du mußt es niemandem sagen; sie werden es an deinem sonnengebräunten Gesicht erkennen.

Mit uns Christen ist es genau dasselbe. Wir sitzen in der warmen Gegenwart Gottes, baden uns in Seiner Wahrheit und kommen strahlend und gestärkt wieder zurück. Gott möchte, daß wir „Sohn-baden", damit andere in uns das Abbild Seines Sohnes sehen können. Wenn wir dagegen ein „Ego-Bad" nehmen, kann niemand Sein Wirken in uns entdecken.

Laß dich verändern!

Als wir uns zu Christus hingewendet haben, sind wir von jeder Verschleierung befreit worden, doch die Welt und ihre Religionen werden versuchen, uns erneut einzuwickeln. Ohne daß wir uns dessen bewußt sind, kann es geschehen, daß durch kulturelle Einflüsse das, was Gott getan hat, verdreht, entstellt und zugedeckt wird. Diese Verschleierungen verbergen lediglich unser wahres Bild und unseren tatsächlichen Wert. Wenn wir in das Ebenbild Jesu umgewandelt werden, werden wir immer wertvoller. Unsere Schönheit entfaltet sich, und wir werden immer weicher. Wir haben keinen Grund, uns zu verhüllen.

Kurz nachdem wir von neuem geboren worden sind, äußert sich das erste Licht, das sich in uns widerspiegelt, dadurch, daß die Sorge und die Angst vor dem Gericht und dem Tod einer Sanftheit und einem unbeschreiblichen Frieden Platz machen müssen. Wenn wir unachtsam sind, ist es bald erloschen, und wir werden erneut verschleiert. Dann werden wir die Freude und die Kühnheit, die uns mit der neuen Geburt in den Schoß gelegt worden sind, verlieren und uns innerlich zurückziehen, um uns mit dem verblassenden Abbild abzufinden.

Gott fordert uns auf, auf Sein leuchtendes Abbild zu blicken. Wenn es nicht deutlich zu erkennen und verwirrend ist, dann ist es mit den Grabtüchern der Religion überdeckt und durch die Werke des Fleisches entstellt worden. Wir müssen uns selbst wachrütteln, damit wir jeden Zweifel abstreifen, der uns aus Angst vor Ablehnung davon abhält, uns in Seine Nähe zu wagen.

Der Herr möchte uns aus dem kalten, dunklen Keller herausführen und der sanften Wärme in Seinem Garten des Lichts aussetzen, damit wir Ihn kennenlernen können. Oftmals haben wir Angst, in Seine Gegenwart zu treten, weil wir befürchten, der Weg sei uns durch die Fehler versperrt, die wir in unserem bisherigen Leben als Christen gemacht haben. Oder wir denken besorgt, unsere Werke seien nicht gut oder nicht zahlreich genug, um uns den Zutritt zu gewähren. Wir befürchten, Er werde nicht antworten, wenn wir rufen. Deshalb verstecken wir uns aus Angst davor, abgelehnt zu werden, weil wir denken, es sei besser, es erst gar nicht zu versuchen als enttäuscht zu werden. Wir wagen uns nicht nach vorne, weil wir befürchten, abgewiesen zu werden.

Im dunklen Keller des Zweifels, werden wir immer blasser und schwächer. Nur Pilze und Schimmel wachsen unter solchen Bedingungen. Beide ernähren sich von den Überresten des Lebens. Diese Dunkelheit ist die Decke des Gesetzes, die wiederum versucht, uns vom Licht Gottes zu trennen. Das Gesetz verdammt und trennt. Der Geist vergibt und stellt wieder her. Wir werden ermahnt:

> *„Da wir nun einen großen Hohenpriester haben, der durch die Himmel gegangen ist, Jesus, den Sohn Gottes, so laßt uns das Bekenntnis festhalten! ... Laßt uns mit Freimütigkeit hinzutreten zum Thron der Gnade, damit wir Barmherzigkeit empfangen und Gnade finden zur rechtzeitigen Hilfe."*
>
> \- Hebräer 4, 14+16

Wir haben nichts zu verbergen. Durch Christus besitzen wir Kühnheit. Er ist der vollkommene Priester. Er hat nicht als levitischer Priester gedient.

> *„...ein anderer Priester aufsteht, der es nicht nach dem Gesetz eines fleischlichen Gebots geworden ist, sondern nach der Kraft des unauflöslichen Lebens. Denn ihm wird bezeugt: »Du bist Priester in Ewigkeit nach der Ordnung Melchisedeks.« Denn aufgehoben wird zwar das vorhergehende Gebot seiner Schwachheit und Nutzlosigkeit wegen - denn das Gesetz hat nichts zur Vollendung gebracht - , eingeführt aber eine bessere Ordnung, durch die wir Gott nahen."*
>
> \- Hebräer 7, 16-19

Gott möchte, daß wir unverhüllt und voller Vertrauen zu Ihm kommen, wenn wir in Not sind.

Hast du das Gefühl, deine Beziehung zum Herrn sei getrübt und erkaltet?

____

____

Kämpfst du in Gedanken gegen die verwirrende Frage an, ob Gott dich empfängt, wenn du in Seine Gegenwart trittst?

____

____

Was, fürchtest du, würde Er ablehnen?

Wenn du vor Ihm stehst, hast du dann eher deine Fehler und dein Image vor Augen oder siehst du Seine Güte und Barmherzigkeit?

Wenn du in den Spiegel Seines vollkommenen Gesetzes der Freiheit schaust, siehst du dort Seine Versorgung oder deine Unzulänglichkeiten?

Hattest du in der Zeit, nachdem du noch nicht lange von neuem geboren warst, eine andere Einstellung zum Bibellesen?

Wie hast du es damals empfunden?

Wie empfindest du es heute?

Ist das Lesen der Bibel für dich zu einer religiösen Pflicht geworden?

Wann hat die Bibel aufgehört, für dich ein Buch der Anleitung, des Trostes und der Auferbauung zu sein?

Weißt du, daß Gott sich mehr wünscht, daß du verändert wirst, als du selbst es möchtest? Wußtest du, daß Er sich mehr danach sehnt, mit dir zu sprechen, als du dir wünschst, von Ihm zu hören? Er wartet darauf, daß du dich zu Ihm wendest, damit Er jegliche Schleier über deinem Herzen wegnehmen kann, die dich vielleicht daran hindern, eine herrliche, innige Beziehung mit Ihm aufzubauen!

Nur durch den Geist

können wir über das Vordergründige hinaussehen

und das Verborgene wahrnehmen.

8

Du bist nicht so, wie andere dich sehen!

„...Denn der Herr sieht nicht auf das, worauf der Mensch sieht. Denn der Mensch sieht auf das, was vor Augen ist, aber der Herr sieht auf das Herz."

- 1. Samuel 16, 7

Wir haben davon gesprochen, daß die Schleier, die unser Herz bedecken, weggenommen werden. Nun wollen wir uns mehr mit dem offensichtlicheren, äußeren Schleier des Erscheinungsbildes befassen. Wir werden stark von dem beeinflußt, was wir sehen. Das Sichtbare kann jedoch irreführen und täuschen. Das Äußere läßt keine zuverlässigen Schlüsse auf das innere Wesen ziehen. Manchmal steht das Äußere sogar im Widerspruch zum Innern.

Nur durch den Geist können wir über das Offensichtliche hinaussehen und das Verborgene wahrnehmen. Doch selbst diejenigen, die eine starke prophetische Salbung besitzen, finden es schwierig, dies zu tun. Nehmen wir nur Samuel, den Urvater der prophetischen Linie: Er wuchs im Tempel auf, wo er dem Herrn diente. Gott erschien ihm mehrere Male in Shiloah und offenbarte sich ihm deutlich durch das Wort des Herrn. Samuel hatte folgenden Ruf:

„Und der Herr war mit ihm und ließ keins von allen seinen Worten auf die Erde fallen. Und ganz Israel, von Dan bis Beerscheba, erkannte, daß Samuel zum Propheten des Herrn bestellt worden war."

- 1. Samuel 3, 19-20

Samuel war so korrekt, und sein Herz war so rein, daß Gott sich zu seinen Worten stellte. Gott sorgte dafür, daß nicht eines seiner Worte fruchtlos blieb oder sich nicht erfüllte. Eine ganze Nation erkannte, daß die Hand Gottes auf Samuels Leben war, und man ehrte ihn als Sein Sprachrohr. Samuel hatte eine enge Beziehung zu Gott, obwohl er unter korrupten Priestern und ungehorsamer Leiterschaft aufgewachsen war. Er kannte den Willen Gottes und konnte die Stimme Gottes genau heraushören.

Und doch wurde Samuel, als Gott ihn aussandte, um Isais Sohn zu salben, von dem beeinflußt, was er sah. Samuel forderte Isai auf, seine Söhne zusammenzurufen.

> *„Und es geschah, als sie kamen, sah er den Eliab und meinte: Gewiß, da steht sein Gesalbter vor dem Herrn! Aber der Herr sprach zu Samuel: Sieh nicht auf sein Aussehen und auf seinen hohen Wuchs! Denn ich habe ihn verworfen. Denn der Herr sieht nicht auf das, worauf der Mensch sieht. Denn der Mensch sieht auf das, was vor Augen ist, aber der Herr sieht auf das Herz."*
>
> \- 1. Samuel 16, 6-7

Ein Gott wohlgefälliges Herz

Zunächst war Samuel davon überzeugt, daß Isais ältester Sohn Eliab derjenige war, den der Herr salben wollte. Er war von seinem äußeren Erscheinungsbild und seiner Körpergröße beeindruckt. Was Samuel nicht sah, war der Stolz, der im Herzen dieses Mannes verborgen war. In anderen Worten sagte Gott zu Samuel: „Laß dich nicht von dem täuschen, was du siehst! Folge meiner Führung. Ich sehe tiefer und erkenne Dinge, die du nicht wahrnimmst!"

Wegen seines Aussehens was Samuel von Eliab beeindruckt. Doch Gott hatte einen anderen Maßstab, für Ihn war etwas anderes ausschlaggebend - das Herz.

Gott weiß, daß wir Menschen dazu neigen, *auf das Äußere* zu schauen. Ob es uns gefällt oder nicht, wir lassen uns durch das äußere Erscheinungsbild eines Menschen oder einer Sache beeinflussen.

Reden wir doch einmal ganz offen darüber, inwiefern sich das Aussehen eines Menschen auf uns auswirkt.

Die Wirkung des ersten Eindrucks

Stell dir vor, was geschieht, wenn zwei Geschäftsfrauen einander von einem gemeinsamen Freund vorgestellt werden. Beide sind jung und attraktiv. Sie begrüßen sich, geben sich die Hand mit einem Lächeln und mustern einander dabei. Ihre freundlichen Worte verraten nichts über ihre Gedankengänge.

Frau Nr. 1 denkt während des ersten Blickkontakts insgeheim: *Sie sieht gut aus, ihre Frisur ist modisch, ihr Make-up ist perfekt. Die Farbe ihres Lippenstifts ist ein Spur zu hell, aber ihre Ohrringe gefallen mir.* Dann fällt ihr Blick auf die Hände ihres Gegenübers. *Sie ist ledig, wie ich. Sie ist etwas größer, aber ich bin genauso schlank wie sie. Ihr Schuhe gefallen mir und ihre Handtasche. Was sie wohl arbeitet?*

Frau Nr. 1 fragt laut: „In welcher Branche sind Sie tätig?"

Auch Frau Nr. 2 hat inzwischen Informationen aufgenommen und verarbeitet. Sie ist der Meinung, daß Frau Nr. 1 attraktiv ist, daß sie ihre Haare gefärbt hat (doch sie gefallen ihr). Frau Nr. 1 ist kleiner als sie selbst, obwohl sie höhere Pumps trägt. Sie hat festgestellt, daß die Beine von Frau Nr. 1 nicht so schlank wie die ihren sind, daß sie aber trotzdem eine gute Figur hat. Ihr Hosenanzug gefällt ihr, in einer anderen Farbe würde er ihr aber noch besser gefallen, denn er macht sie blaß, da ihr Haar gefärbt ist.

Frau Nr. 2 antwortet: „Ich bin Börsenmaklerin und Finanzberaterin. Was machen Sie?"

Frau Nr. 1 ist beeindruckt. Das ist ein stressiger Job. Eine Freundschaft könnte für sie von Vorteil sein, da sie bei finanziellen Planungen professionelle Beratung benötigt.

Frau Nr. 2 fragt Frau Nr. 1 nach ihrer beruflichen Laufbahn.

„Ich bin Anwältin in der Kanzlei Lawson und Lawson."

Frau Nr. 2 nickt anerkennend.

Sie passen gut zueinander. In beruflicher Hinsicht respektiert man sich, beide sind alleinstehend und unabhängig, und keine fühlt sich durch das Aussehen der anderen eingeschüchtert. Ihre Stärken und ihre Leistungen halten sich die Waage. Sie können Freundschaft schließen. Nun wird sich ihre Unterhaltung anderen Themen zuwenden, die sie einander näherkommen lassen. Jetzt können sie über gemeinsame Bekannte und Freunde, über Hobbys und andere Interessen sprechen.

Scheinbar können sich diese beiden erfundenen Frauen gegenseitig das Wasser reichen. Aber was geschieht, wenn zwei völlig unterschiedliche Frauen aufeinander treffen?

Wenn sich Gegensätze nicht anziehen

Denken wir uns eine andere Begebenheit aus: Ein Mann und seine Frau, die Mutter seiner beiden Kinder, laufen im Kaufhaus seinem alten Schulkameraden und dessen Freundin in die Arme.

Die beiden Männer freuen sich aufrichtig, einander zu treffen. Sie umarmen sich und versichern einander: „Mensch, du siehst *großartig* aus! Wie geht´s dir?"

Der Ehemann und Vater erzählt seinem Schulkameraden: „Georg, ich möchte dich meiner Frau Elisabeth vorstellen. Ich weiß nicht, ob ihr euch in der Schule schon begegnet seid. Liebling, ich kenne Georg schon seit der Kollegstufe. Wir hatten Buchführung zusammen."

Die Gattin gibt ihm die Hand und erklärt: „Es ist schön, dich kennenzulernen, Georg."

Elisabeth hat in der Zwischenzeit schon mit Unbehagen Georgs Freundin unter die Lupe genommen. Sie weiß bereits, daß die beiden nicht verheiratet sind, denn sie hat vergeblich nach einem Ring Ausschau gehalten.

„Ich freue mich, dich kennenzulernen, Elisabeth! Darf ich dir Laura vorstellen. Laura, das sind Bernd und Elisabeth."

„Schön, dich kennenzulernen", sagt Laura mit einem nervösen Lächeln. Sie fühlt sich ein wenig unwohl, so wie bei einer Bewerbung. Sie ist nicht mit Georg, Bernd und Elisabeth zur Schule gegangen, denn sie ist einige Jahre jünger als die anderen.

„Nett, dich zu treffen", antwortet Elisabeth eine Nuance zu kühl, während sie den direkten Blickkontakt mit Laura vermeidet.

Die Männer haben sich viel zu erzählen, während die beiden Frauen sich gegenseitig beäugen und betreten im Kaufhaus umherschauen. Laura hat sich für eine Verabredung zurechtgemacht, Elisabeth nicht. Elisabeth mag Laura nicht. Laura ist jünger und schlanker. Sie hat Angst, ihr Mann könne denken, Georgs Freundin sei attraktiver als seine eigene Frau. Laura sieht in ihren kurzen Hosen hübsch aus, während Elisabeth ein weites, bequemes Umstandskleid anhat. Seit ihrem zweiten Kind hat sie ein wenig zugenommen. Sie hatte nicht damit gerechnet, daß sie irgendwelche Bekannte treffen würden, deshalb hat sie sich nicht geschminkt. Elisabeth ist befangen.

Laura empfindet das Schweigen als unangenehm, und sie geht hinüber zu Elisabeth, die ein wenig abseits hinter ihrem Mann steht. Bevor sie die Chance zu einer netten Unterhaltung hat, feuert Elisabeth eine Frage ab:„Wie lange kennst du Georg schon?" „Schon ein paar Jahre, aber wir gehen erst seit einigen Monaten miteinander aus. Wie lange seid ihr schon verheiratet?", fragt Laura dann.„Sechs Jahre", erwidert Elisabeth süffisant, und sie fügt hinzu: „Wir haben zwei Kinder."„Das ist ja großartig!", meint Laura.

Elisabeth ist durch Lauras warme Ausstrahlung und deren gutes Aussehen irritiert, und sie macht es ihr nicht einfach, sich wohlzufühlen. Sie wendet sich von Laura ab und zupft ihren Mann am Arm. Damit will sie ihm signalisieren, daß sie sich ausgeklammert fühlt und mit ihrem gemeinsamen Abendprogramm fortfahren will. Sie möchte von Laura nichts über Laura erfahren. Sie möchte ihre eigenen Schlüsse ziehen.

„Vielleicht sollten du und Georg einmal zusammen essen gehen, damit ihr euch alles erzählen könnt, was in der Zwischenzeit passiert ist", schlägt Elisabeth vor, wobei sie sich ausschließlich an die Männer wendet und Laura dabei ignoriert. „Das ist eine exzellente Idee!", erklären die Männer einstimmig. Sie tauschen die Telefonnummern aus und versprechen, einander anzurufen.

Die beiden Paare trennen sich und gehen in entgegengesetzter Richtung davon.

Später teilt Bernd Elisabeth mit, wie begeistert er darüber ist, daß er Georg getroffen hat, und berichtet, wie sich Georg beruflich und persönlich entwickelt hat. Elisabeth hört zu. Über Laura sagt er dann beiläufig: „Ich mag Laura; sie ist sehr freundlich."
Elisabeth verdreht die Augen.
„Was soll dieser Blick?", fragt daraufhin ihr Mann.
„Hast du gesehen, wie eng ihr Oberteil war? Sie ist schon *freundlich"*, stimmt Elisabeth aber noch zu.
„Das habe ich gar nicht bemerkt", antwortet Bernd ehrlich.
„Du weißt ja, ich hatte auch eine andere Figur, bevor ich die Kinder bekommen habe!" ergänzt Elisabeth. Sie versucht, Lauras Attraktivität abzuwerten, indem sie sie als verführerisch und vergänglich darstellt und ihren Ehemann daran erinnert, welche Opfer sie gebracht hat.

Elisabeth fährt fort: „Wenn ich den ganzen Tag Zeit hätte, mich um meine Schönheit zu kümmern und Sport zu treiben, würde ich genauso gut aussehen wie Laura! Wahrscheinlich ist sie eine dämliche Stewardeß oder so etwas."

Beachte, daß der Ehemann lediglich bemerkte, Laura sei freundlich, weil er gesehen hatte, daß sie zu seiner Frau hinübergegangen war, um sich mit ihr zu unterhalten. Er hatte kein einziges Wort über Lauras Attraktivität gesagt oder sie mit seiner eigenen Frau verglichen. Doch Elisabeth fühlt sich bedroht und möchte Laura abwerten, um ihr eigenes Selbstwertgefühl zu steigern. Sie möchte Laura auf ein Niveau herabholen, auf dem sie mit ihr mithalten kann. Wenn Elisabeth dies gelingt, wird sie sich wieder sicher fühlen.

Schließlich zählt doch das Äußere

Woher weiß ich, daß derartige Unterhaltungen stattfinden? Weil mir solche Gedanken selbst im Kopf herumgespukt sind. Ich habe Frauen kennengelernt, die zwar anders waren als ich, sich aber im Hinblick auf ihr Aussehen und ihre Leistungen nicht von mir unterschieden haben, und wir wurden Freundinnen. Wir haben Spaß miteinander, weil wir uns gerade so viel voneinander unterscheiden, daß es interessant bleibt, aber nicht so sehr, daß der andere sich eingeschüchtert fühlt. Ich bin schon Frauen begegnet, die meiner Meinung nach weitaus attraktiver waren als ich, und habe versucht, ihr Aussehen abzuwerten, weil sie mich verunsichert haben.

„John, du weißt schon, daß das nicht ihre echte Haarfarbe ist."

Ich kenne andrerseits auch die Frustration, die sich bei mir einstellt, wenn ich nur nach meinem Äußeren beurteilt werde. Ich war verzweifelt, wenn man ein Urteil über mich fällte, das ausschließlich von meiner Kleidergröße abhing. *Ich hasse dich! Ich kann nicht glauben, daß du vier Kinder hast!* Eine solche Begrüßung soll natürlich immer nur ein Scherz sein... und doch frage ich mich, wieviel Wahrheit in dieser Art von Humor steckt.

Ich habe schon sehr früh gelernt, wie schmerzhaft es ist, wenn man auf sein Aussehen reduziert wird. Als ich fünf Jahre alt war, verlor ich mein rechtes Auge wegen eines Krebsgeschwürs. Die Ärzte gaben mir damals noch sechs Monate. Sie bereiteten meine Eltern darauf vor, daß ich Kopfschmerzen bekommen, einschlafen und einfach nicht mehr aufwachen würde. Für meine Eltern, die mir diese Diagnose erst sehr viel später mitteilten, war das eine sehr schwere Zeit.

Nachdem man mein Auge entfernt hatte, mußte ich eine Augenklappe tragen, bis die Schwellung zurückgegangen und die Augenhöhle ausgeheilt war, so daß man ein künstliches Auge einsetzen konnte.

Vor dieser Operation wurden meine Eltern, wenn sie mit mir unterwegs waren, immer wieder von Leuten aufgehalten, die bemerkten: „Was für ein hübsches Mädchen! Und diese schönen Augen!"

Solche Komplimente lösten bei mir jedoch stets Unbehagen aus, als ich noch jung war. Ich war verwirrt, weil die Menschen *mich* anschauten, aber mit meinen Eltern über mich redeten. Während mein Vater oder meine Mutter die Komplimente, die mir galten, entgegennahmen, stand ich einfach nur teilnahmslos da. Dann wandten sie sich höflichkeitshalber an mich mit der Frage: „Was sagt man da?" Und ich murmelte: „Danke!", wobei ich den Kopf senkte oder in eine andere Richtung schaute.

Ich legte keinen Wert darauf, als hübsch bezeichnet zu werden. Für mich war das schon fast eine Beleidigung. Mir wäre lieber gewesen, jemand hätte zu mir gesagt: „Wie gut sie auf Bäume klettern kann!" oder „Sie schwimmt wie ein Fisch!"

So bin ich gewesen. *Hübsch sein* war etwas für Mädchen, und ich war ein absoluter *Wildfang!* Ich wollte zäh sein und schnell laufen können. Hübsch sein bedeutete, in der Badewanne liegen zu müssen und die Haare zu waschen, die Nägel zu schneiden und schlaflose Nächte mit Lockenwicklern verbringen zu müssen.

Nachdem ich mein Auge verloren hatte, schrumpfte die Zahl der Komplimente. Statt dessen schauten die Leute mich nun komisch an. Sie musterten mich aus der Ferne, und doch war ihr Blick aufdringlicher als mir lieb war.

Wir wohnten in einer Kleinstadt, und fast jeder, den wir kannten, wußte von der Sache mit meinem Auge. Die meisten warfen einige mitleidige Blicke auf mich, wandten sich dann an meine Mutter oder meinen Vater, gerade so, als ob ich gar nicht da wäre. Dann senkten sie ihre Stimme zu einem Flüstern: „Wie geht es ihr?" „Gut!", antwortete meine Mutter jedesmal laut.

Mit einem Ausdruck des Zweifels auf dem Gesicht, drehte sich die betreffende Person dann zu mir, um mir bedauernd zuzulächeln, was ich mit einem trotzigen Blick konterte. Am liebsten hätte ich geschrien: „Mir geht es gut. Ich bin nicht mein Auge! Ich bin nicht schwach; ich bin immer noch dieselbe!"

Es ist grausam, nach dem Äußeren zu urteilen

Ich wurde während des Schuljahrs operiert. Die Kinder in der Schule nannten mich „Einauge“ oder „Zyklop“. Meine Mutter hatte mir eingebleut, die Fassung nicht zu verlieren, und mir erklärt, daß man mich nur noch mehr verspotten und sich über mich lustig machen würde, wenn ich weinte oder mich wehrte. Sie ermutigte mich, solche Beleidigungen zu ignorieren, und versprach mir, ich könne mich nach der Schule bei ihr ausweinen.

An vielen Tagen rannte ich die 3 Kilometer von der Grundschule nach Hause, während ich von Kindern auf der gegenüberliegenden Straßenseite verhöhnt wurde. Ich tat so, als ob ich sie nicht hören würde und schluckte meine Tränen hinunter, bis ich zu Hause war. Dort nahm mich meine Mutter in die Arme und erklärte mir, daß Kinder in diesem Alter grausam seien. Sie versicherte mir, daß alles anders sein würde, wenn ich erwachsen war.

Das Verspotten hörte auf, doch der Umstand, daß Menschen nach ihrem Äußeren beurteilt werden, leider nicht. Wir sind alle erwachsen geworden, und die meisten von uns sind nicht mehr so gehässig, daß wir uns unverhohlen über unsere Mitmenschen lustig machen. Dadurch würden wir ja eindeutig über sie richten, und das wissen wir. Doch wie sieht es mit den unterschwelligen, nicht so offensichtlichen Vorurteilen aus?

Du bist nicht das, was du siehst. Du bist auch nicht das, was die anderen sehen. Und auch sie sind nicht das, was du siehst.

Das kleine, fünfjährige Mädchen in mir wußte, daß ich nicht die war, für die man mich hielt. In diesem Alter kämpfte ich noch dagegen an, daß man mich nach meinem Aussehen beurteilte, doch später übernahm ich selbst diese armselige Einstellung.

Solange wir Kinder sind, haben kulturelle Einflüsse nicht sofort eine markante Auswirkung auf uns. Es dauert einige Zeit, bis diese Kräfte das Metall unserer Seele erhitzen und umformen. Wenn jedoch das Metall erst einmal geschmiedet ist, kühlt es rasch ab und wird zu einer harten, starren Form, anhand derer wir uns selbst und andere ständig messen.

Es dauert nicht lange, bis kleine Mädchen es gar nicht mehr abwarten können, endlich erwachsen zu werden. Sie möchten ihr Äußeres gerne durch Make-up und Schmuck verschönern. Sie verkleiden sich und schminken sich, obwohl sie in diesem Alter wahrscheinlich am hübschesten sind. Schon bald sind sie zu Teenagern herangewachsen, und was früher nur Spielerei war, ist nun an der Tagesordnung. Sie fangen an zu denken, daß sie ohne Make-up nicht hübsch seien, und wenn sie sich früher nur zu besonderen Anlässen hergerichtet haben, ist dies nun zur täglichen Pflicht geworden. Sie wollen älter aussehen und erwachsen wirken.

Dann geschieht etwas Schreckliches. Sie haben endlich das Alter erreicht, nachdem sie sich immer gesehnt haben, und plötzlich bereitet ihnen das Älterwerden Sorgen. Wenn die Jahre zwischen 16 und 26 die optimale Altersspanne wären, wäre dies eine sehr kurze Phase des gesamten Lebens. Wenn eine Frau einmal das 30. Lebensjahr erreicht hat, will sie nicht mehr älter - sie will *jünger* aussehen!

Diese Lage ist für Frauen aussichtslos. Männern scheint das Älterwerden nicht so große Probleme zu bereiten. Ihr Reifeprozeß verläuft in normaleren Bahnen. Sie wollen erwachsen und unabhängig werden, doch sie flippen nicht aus, wenn sie dann auch älter aussehen! Manche Frauen verleugnen sogar ihr Alter oder bemühen sich mit allen Mitteln, es geheim zu halten. Weil sie nicht damit zufrieden sind, daß sie für ihr Alter großartig aussehen, versuchen sie jünger und weiser zu erscheinen. Doch Jugend und Weisheit sind selten gemeinsam anzutreffen. Nur Zeit, Gehorsam und Anwendung der Wahrheit bringen Weisheit hervor. Oftmals haben wir erst dann Zugang zu diesen Erkenntnissen, wenn wir alt genug sind, um ihre Bedeutung zu schätzen.

Ein kostbarer Schmuck

Junge Frauen begehen den Fehler, daß sie auf ihr Gesicht oder ihre

Figur vertrauen und dabei ihre unvergänglichen Attribute vernachlässigen. Jeder von uns kennt den Vers aus dem 1. Petrusbrief:

> *„Euer Schmuck sei nicht der äußerliche durch Flechten der Haare und Umhängen von Gold oder Anziehen von Kleidern, sondern der verborgene Mensch des Herzens im unvergänglichen Schmuck des sanften und stillen Geistes, der vor Gott sehr köstlich ist."*
>
> \- 1. Petrus 3,3-4

Gott erinnert uns daran, nicht zu erlauben, daß unser Schmuck nur äußerlich oder oberflächlich ist. Er verbietet uns nicht, uns zu schmücken, doch unser wahrer Schmuck sollte unser inneres Wesen sein, nicht unser Aussehen. Gott befürwortet es nicht, wenn wir unser Haar vernachlässigen, uns schlampig kleiden oder keinen Schmuck tragen.

Denke daran, daß Gott nicht auf das äußere Erscheinungsbild schaut, *wir* tun es. Er urteilt auf andere Weise als wir. Er beurteilt nicht das, was vor Augen ist, sondern die unsichtbare Einstellung des Herzens. Er warnt uns davor, uns mit Dingen zu schmücken, die keinen ewigen Wert haben. Vielmehr möchte Er, daß der Schmuck unseres Herzens Seine unvergängliche, stille und sanfte Schönheit ist. Sie altert nicht, sie kann uns nicht geraubt werden, und sie ergraut niemals.

Weil Gott alles im Hinblick auf die Ewigkeit betrachtet, weiht Er uns in Sein geheimes Schönheitsrezept ein. Die Schönheit, die von Ihm kommt, kommt von innen und ist verborgen, sie ist den Augen Gottes vorbehalten. Es ist eine Schönheit, die andere vielleicht nicht bemerken, doch Gott sieht sie.

Wenn du diese innere Ruhe und diesen Frieden besitzt, werden sie deinen Mitmenschen deutlicher ins Auge stechen als deine neueste Designerkleidung, deine Haarfarbe oder dein Schmuck. In der Welt hat man all diese Dinge, doch was diese Menschen nicht besitzen, ist Friede, *„der vor Gott sehr köstlich ist"* (1. Petr. 3, 4).

Die weltlichen Menschen haben merkwürdige, verdrehte Wertvorstellungen. Sie schmücken sich, um ihre innere Leere zu überdecken, während wir unser Herz reinigen, um völlig transparent zu werden. Sie verstecken sich, während wir strahlen. Bedauerlicherweise haben wir es den säkularen Verkaufsstrategien erlaubt, uns dahingehend zu beeinflussen, wie wir uns äußerlich geben und unsere innere Ausstrahlung verbergen.

Urteil oder Vorurteil?

Weil wir uns nach äußerlichen Faktoren richten, fällen wir oftmals ein falsches Urteil. Schmuck ist wie eine Schale, die man zu Dekorationszwecken mit Früchten aus Plastik im Eßzimmer aufstellt. Obwohl sie in liebevoller Kleinarbeit aus Bleikristall geschliffen worden ist, enthält sie trotz ihrer Schönheit nur künstliche und geschmacklose Früchte. Die Früchte mögen zunächst verlockend erscheinen, weil sie schön anzuschauen sind, doch wenn man sie probieren will, wird man schnell feststellen, daß sie wertlos und ungenießbar sind.

In irgendeiner Ecke der Speisekammer steht jedoch eine abgenutzte, angeschlagene Kiste, die echtes Obst enthält. Sie ist zwar nicht schön, doch sie beinhaltet köstliche, frische und lebenspendende Produkte. Wenn du hungrig wärst - hungrig nach Wahrheit, hungrig nach etwas Echtem - würdest du dich von der meisterhaft geschliffenen Kristallschale mit den Plastikfrüchten abwenden und dich auf die Obstkiste stürzen, weil dir das weitaus mehr nützen würde.

Gott beurteilt uns nach unserer *Frucht,* nicht nach unseren *Obstschalen.* Er möchte, daß unser innerer Schmuck frisch und nutzbringend ist; Er möchte nicht, daß er zwar kalt und schön, aber künstlich ist. Deshalb befinden wir uns auf dem Holzweg, wenn wir andere nach ihrer äußeren „Verpackung" beurteilen.

Wie oft läßt du dich durch das äußere Erscheinungsbild anderer einschüchtern?

Hast du andere herabgesetzt, damit du dich nicht mehr durch sie bedroht gefühlt hast?

Was beunruhigt dich am meisten an anderen Frauen (Gewicht, Schönheit, beruflicher Erfolg, Ehestand, etc.)?

Bist du schon nach deinem Äußeren beurteilt worden?

War das frustrierend für dich?

Gründet sich dein Selbstvertrauen auf dein Aussehen oder auf deine inneren Werte?

Für welches von beiden verwendest du mehr Zeit und Gedanken?

Vater, vergib mir, daß ich äußerlichen Erscheinungsbildern erlaubt habe, meine Überzeugungen und meine Beziehungen zu anderen zu beeinflussen. Verzeih mir, daß ich mich mit anderen verglichen und mit ihnen konkurriert habe. Du vergleichst uns niemals mit anderen Menschen. Befreie mich von allen kulturellen Einflüssen, die meine Wahrnehmung verzerren. Öffne mir die Augen, während ich die nächsten Kapitel lese. Amen.

Ich habe mich

an einem Maßstab gemessen,

der vorgab,

daß ich liebenswert sei,

wenn ich schlank bin,

nicht aber, wenn ich dick bin.

9

Du bist nicht, was du wiegst!

„...Ist das Leben nicht mehr als die Speise und der Leib mehr als die Kleidung?“

- Matthäus 6, 25

Obwohl du mindestens so viel wert sein magst wie dein Gewicht in Gold aufgewogen... bist du nicht, was du wiegst! Viel zu viele unter uns machen ihren Wert von der Zahl der Pfunde abhängig, die ihre Waage anzeigt, statt von dem Schatz, der in ihrem Herzen verborgen ist. Dieses Kapitel ist besonders aktuell, weil wir heute in einer Gesellschaft leben, in der das Motto gilt: *„Man kann niemals zu reich oder zu schlank sein!“* Dabei ist weder das eine, noch das andere wahr!

Ich hatte vor, in einigen Wochen nach Arizona zu reisen, um dort an einer Frauenfreizeit zu dienen. Man hatte mir bereits eine Kopie des Programms und eine Broschüre zugesandt. Ich sollte am Donnerstag abfliegen, am späten Nachmittag ankommen und mich am nächsten Morgen auf den Weg zur abgelegenen Tagungsstätte machen. Meinen kleinen Sohn wollte ich mitnehmen. Da ich als Hauptsprecherin vorgesehen war, hatte man geplant, daß ich am Freitag und Samstagabend und am Sonntagmorgen dienen sollte. Dieses Programm gefiel mir, denn es war für eine stillende, unter Jet-lag leidende Mutter nicht zu anstrengend.

In der Broschüre waren einige Workshops für Interessierte aufgelistet, die für Samstagvormittag um 10.00 Uhr vorgesehen waren. Ich hatte einen Blick auf die Titel und Themen geworfen, als der Heilige Geist mir den Impuls gab: „Ich möchte, daß du einen Workshop über Körpergewicht machst.“

„Ich habe noch nie über Gewicht gepredigt“, entgegnete ich.

Ich schaute mir noch einmal die verschiedenen Themen an und stellte fest, daß sie alle sehr geistlich und tiefgründig waren. Ich dachte: *Sie werden denken, ich sei fleischlich gesinnt! Sie werden mir absagen. Ich wüßte nicht einmal, wie ich meine Predigt nennen sollte.*

Sofort antwortete der Heilige Geist: „Nenne sie *Unter der Last des Gewichts!* Es ist nicht *fleischlich,* sondern *befreiend,* über Gewicht zu predigen, wenn es meine Kinder in Gebundenheit hält."

Der Eindruck verstärkte sich. Da es nur noch wenige Wochen bis zur Tagung waren, war ich überzeugt davon, daß es zu spät war, um eine weitere Veranstaltung anzuhängen, doch um gehorsam zu sein, rief ich die Frau des Pastors an. Obwohl ich mir sehr dumm vorkam, bot ich an, in Verbindung mit den Vormittagsveranstaltungen um 10.00 Uhr einen Workshop zu halten. Die Frau des Pastors entgegnete, sie sei sich nicht sicher, ob das klappen würde. (Insgeheim hoffte ich, es würde nicht klappen!) Als ich nichts mehr von ihr hörte, nahm ich an, daß der Workshop nicht mehr machbar gewesen war.

Frei von Magersucht

Im Rahmen dieser Tagung hatten sich über 100 Frauen eingefunden. Sie hatten gebetet und sich diese Zeit reserviert, um mit dem Vater Gemeinschaft haben zu können. Es lag eine so große Erwartung in der Luft, daß ich es kaum abwarten konnte, mit den Veranstaltungen zu beginnen. Am Freitagabend herrschte während der Anbetung und des Lobpreises eine solche Freiheit, daß es mir schwerfiel, mich zum Dienen aufzuraffen. Wir hatten einen herrlichen Gottesdienst an diesem Abend, der bis über Mitternacht hinaus andauerte. Nachdem der Gottesdienst zu Ende war, warf ich der Frau des Pastors einen Blick zu mit der Bemerkung, ich sei froh, daß die zusätzliche Veranstaltung nicht zustande gekommen sei.

Überrascht erwiderte sie: „Ich habe wohl vergessen, es dir zu sagen. Wir haben den Workshop zum Thema Gewicht auf 14.00 Uhr verschieben müssen. Es haben sich zu viele Frauen angemeldet, so daß

wir ihn nicht zur gleichen Zeit mit den anderen Veranstaltungen anbieten konnten."
„Wie viele haben sich angemeldet?", fragte ich.
„Ungefähr 90!", antwortete sie.

Ich versuchte, mir nicht anmerken zu lassen, wie geschockt ich war. Darauf war ich überhaupt nicht vorbereitet. Erschöpft kehrte ich in mein Zimmer zurück, stillte meinen kleinen Sohn und ging dann ins Bett. Die ganze Nacht über warf ich mich in ruhelosem Schlaf von einer Seite auf die andere.

Am nächsten Morgen betete ich: „Vater, ich weiß nicht, was ich ihnen sagen soll!"

Er gab mir einige Schriftstellen und forderte mich auf mitzuteilen, was ich selbst erlebt hatte, als mich die Magersucht in ihren Klauen gehabt hatte. Die Schriftstelle, die Er mir gegeben hatte, war:

> *„Deshalb sage ich euch: Seid nicht besorgt für euer Leben, was ihr essen und was ihr trinken sollt, noch für euren Leib, was ihr anziehen sollt! Ist nicht das Leben mehr als die Speise und der Leib mehr als die Kleidung?"*
>
> \- Matthäus 6, 25

Sich zu sorgen bedeutet, sich Gedanken zu machen. Wenn wir uns über etwas Sorgen machen oder über etwas beunruhigt sind, wirkt sich dies stets störend und zerstörerisch auf unsere innere Ruhe aus. Sich zu sorgen ist niemals konstruktiv, sondern geht immer einher mit Furcht und Leid. Sorgen können uns förmlich auffressen. Wir könnten diesen Vers auch umformulieren, indem wir „Seid nicht besorgt" gegen „Denkt nicht zwanghaft über ... nach" austauschen. Dann würde die Schriftstelle folgendermaßen lauten:

> *„Deshalb sage ich euch:* ***Denkt nicht zwanghaft über euer Leben nach,*** *was ihr essen und was ihr trinken sollt, noch für euren Leib, was ihr anziehen sollt! Ist nicht das Leben mehr als die Speise und der Leib mehr als die Kleidung?"*
>
> \- Matthäus 6, 25 (vom Autor umformuliert)

Die wahre Größe einer Frau

Wie die Kontrolle meines Gewichts zur Besessenheit wurde

Es gab eine Zeit, in der ich an nichts anderes dachte als an mein Gewicht. Ich möchte mit dir noch einmal zu jenen Tagen zurückkehren. Vielleicht erkennst du in meiner Geschichte jemanden, den du kennst und liebst, wieder. Vielleicht entdeckst du dich sogar selbst in meinem Bericht. Mein Kampf mit dem Gewicht begann, bevor ich Christ geworden war, dauerte aber noch darüber hinaus an. Ich kenne viele Frauen, die mit demselben Problem zu kämpfen haben. Gott ist dies sehr wichtig, und es ist ein lebendiger Teil meines Lebenszeugnisses.

Bis ich sechzehn Jahre alt war, hatte ich kein Bewußtsein für mein Körpergewicht. Ich wurde nur im Sommer-Ferienlager gewogen, wo man sich vergewissern wollte, daß ich nicht abnahm, und bei ärztlichen Untersuchungen im Hinblick auf mein Wachstum. Bis dahin betrachtete ich meine Gewichtszunahme - ebenso wie meine zunehmende Körpergröße - lediglich als ein Zeichen dafür, daß ich heranwuchs und reifer wurde.

Ich war immer sehr aktiv und schwamm fast das ganze Jahr über für irgendeine Schwimm-Mannschaft. Ich war jung und lebendig. Ich aß, was ich wollte, wann ich wollte, ohne auch nur einen Gedanken an mein Gewicht zu verschwenden.

In der 12. Klasse zog ich mir beim Hürdenlauf-Training eine Achillessehnenzerrung zu. Ich mußte für einige Zeit an Krücken gehen und beschloß deshalb, das Schwimmen so lange aufzugeben, bis mein Knöchel wieder geheilt war. Obwohl ich nicht mehr so viel Bewegung hatte, aß ich genauso viel wie zu Trainingszeiten.

Als ich eines Tages von der Schule nach Hause kam, hielt mich mein Vater auf und schaute mich mißbilligend an.

„Dreh dich einmal um!", sagte er. „Meine Güte, diese Jeans sind aber eng! Wieviel wiegst du?"

Ich gab das Gewicht an, das man im vergangenen Jahr im Sommercamp ermittelt hatte, und antwortete: „58 Kilo!"

„*Das kann nicht sein*! Du wiegst mindestens 61 Kilo!", meinte er herausfordernd, und dann forderte er mich auf: „Geh und wieg dich!"

Ich marschierte ins Badezimmer meiner Eltern und stellte mich auf ihre Waage. Zu meiner Überraschung wog ich sogar 62,5 Kilo!

Beschämt teilte ich meinem Vater mit, was ich wog. Er meinte daraufhin, daß ich viel zu schwer sei. Ich ging in mein Zimmer und betrachtete mich - nahm meinen Körper genauestens unter die Lupe - zum ersten Mal ganz bewußt. Ich zog meine Jeans aus. Sie waren zu eng! Ich konnte an meinen Beinen entlang den Abdruck jeder einzelnen Naht und an manchen Stellen sogar den der einzelnen Stiche sehen. Nachdem ich mir weitere Kleider angezogen hatte, ging ich hinüber zu meinem Schrank. Was war noch zu eng geworden? Ich zog meine Sachen heraus und probierte verschiedene Teile an. „Du bist fett!" Ich schimpfte mit mir selbst, als ich mich im Spiegel betrachtete.

Unter dem wachsamen Blick meines Vaters verweigerte ich mir an diesem Abend den Nachschlag und die Nachspeise. Nach dem Abendessen zog ich meinen Trainingsanzug an, warf eine Winterjacke darüber und rannte durch die Schneewehen, bis ich das Gefühl hatte, die kalte Winterluft würde meine Lunge zerreißen. Ich war fest entschlossen, abzunehmen und mein ursprüngliches Gewicht von 58 Kilo wieder zu erreichen. Am nächsten Tag aß ich zum Mittagessen nur einen Big Mac und Pommes statt wie üblich einen Big Mac, Pommes, einen Cheeseburger und einen Snickers - Schokoriegel. Beim täglichen Abendessen verringerte ich meine Portionen, und nach dem Essen lief ich eine Strecke. Ich studierte in den Zeitschriften meiner Mutter alle Artikel, die Informationen über Diäten und andere Methoden, wie man abnehmen konnte, enthielten.

Innerhalb von zwei Wochen hatte ich 4,5 Kilo abgenommen, und jeder meiner Schulkameraden bemerkte es. Sogar einige Jungs aus den höheren Klassen machten mir Komplimente wegen meiner Figur. Ich fühlte mich stark. Ich hatte meinen Körper bezwungen. Ich bestimmte über mein Gewicht. Ich würde nie wieder fett sein! In der 13. Klasse fing ich wieder an zu schwimmen und wuchs um einige Zentimeter, so daß ich schließlich 1.70 m groß war. Mein Gewicht ging auf muskulöse 56,5 Kilo zurück.

Schwestern aus der Studentinnenverbindung

Um zur Uni zu gehen, zog ich weit von meinem Heimatstaat Indiana weg. Ich wollte alles, was mir vertraut war, so weit wie möglich hinter mir lassen. Ich wollte den Westen kennenlernen, und deshalb steuerte ich die Universität von Arizona an. Ich war bereits zum Tag der offenen Tür gegangen und hatte mich einer Studentinnenverbindung angeschlossen, bevor die Uni überhaupt angefangen hatte. Nun hatte ich Freundinnen.

Mir fiel auf, daß alle Mädchen sonnengebräunt, schlank und hübsch waren, und die meisten von ihnen waren blond. Plötzlich fühlte ich mich unwohl und plump unter all diesen ranken Barbie-Püppchen in Designer-Jeans und mit Pferdeschwanz. In Anbetracht meiner neugewonnenen Freundinnen aus Kalifornien und Arizona kam ich mir in meinem 56,5 Kilo schweren Körper vor wie eine maisgefütterte Jungkuh. Ich versuchte, mich nicht an ihnen zu messen, doch ich konnte dem Vergleich nirgendwo aus dem Wege gehen.

Beim Abendessen jammerten Mädchen, die dünner als ich waren: „Ich bin so dick! Schau dir diese Schenkel an!"

Ich tat es und stellte fest, daß ihre viel schlanker waren als meine. Wenn diese Mädchen dick waren, dann war ich *fett!*

„Wieviel wiegst du?", fragte ich das Mädchen, das sich über seine dicken Oberschenkel beklagt hatte.
„52 Kilo."
„Ach, du bist doch schlank. Du bist nicht fett!", protestierte ich.
Das Mädchen sprang vom Tisch auf, packte die Rückseite ihres

Schenkels und drückte ihn zusammen. „Schau dir doch diese Orangenhaut an! Ich bin *zu* fett!"

Ich kam mir sehr dumm vor. Ich konnte nur deshalb Fettpolster erkennen, weil sie ihren Schenkel fest umklammert hatte. Schweigend rutschte ich ein wenig tiefer unter den Tisch und betete insgeheim, niemand möge mich nach meinem Gewicht fragen. Ich war fast fünf Kilo schwerer als sie. Dabei kam mir niemals der Gedanke in den Kopf, daß ich schließlich 8 cm größer war.

Als ich an diesem Abend in den privaten Wänden meines Schlafzimmers war, untersuchte ich meine eigenen Schenkel. *Da entdeckte ich es! Ich hatte es auch!* Vielleicht hatte sie nur deshalb diese Anspielungen über dicke Schenkel gemacht, damit ich abnehmen würde.

Ich fing wieder an zu laufen. Ich aß keine Sandwichs mehr zum Mittagessen, nur noch Salat. Mein Gewicht sank auf 50,5 Kilogramm, aber ich fühlte mich immer noch nicht schlank genug.

Bei jeder Mahlzeit diskutierten meine Mitstudentinnen und ich darüber, wie viele Kalorien jedes einzelne Lebensmittel auf unserem Teller enthielt. Diejenige, die am meisten über Diäten wußte, war in unseren Augen die Klügste. Wir gestanden uns schonungslos unsere Fehler ein und deckten all unsere Mängel auf: „Schau dir meinen Bauch an! Ist er nicht ekelhaft?" Während wir unsere T-Shirts hochhoben, um unseren Körper unter die Lupe zu nehmen, beklagten wir uns.

„Nun schau dir das an!", warf ein anderes, blutjunges, hochgewachsenes Mädchen mit gebräunten Beinen ein, die sich auf die Suche nach einem Makel gemacht hatte.

Mein Bauch war flach, meine Schenkel waren braungebrannt und schlank, meine Arme muskulös und wohlgeformt, *aber auch ich hatte einen Makel.*

Mein Problem war mein Gesicht. Jedesmal, wenn ich in den Spiegel schaute, sah ich dort etwas Unvollkommenes. Mein Kiefer war viereckig, und ganz gleich wie dünn ich auch war, er sah immer breit aus. Ich starrte in den Spiegel und konnte darin nichts anderes sehen als mein riesiges Gesicht. Ich übte so strenge Kritik an mir selbst, als ob ich mein eigener, größter Feind wäre: „Ich werde diesen Unterkiefer loswerden!“ Das schwor ich mir, während ich nach meinen unteren Backenhälften griff.

Während meines fünften und sechsten Semesters trug ich eine Zeitlang die amerikanische Kleidergröße 1 und wog 46,5 Kilo. Und trotzdem sah mein Gesicht jedesmal dick aus, wenn ich in den Spiegel schaute. Etwas anderes konnte ich nicht sehen. Meine Wahrnehmung war so verzerrt, daß ich nicht bemerkte, wie abgemagert ich war und wie die Adern an meinem Hals hervortraten.

Als ich an Weihnachten nach Hause fuhr, war meine Mutter äußerst beunruhigt, weil ich so sehr an Gewicht verloren hatte. Sie machte sich so große Sorgen, daß sie mich schließlich zu einem Arzt brachte. Er versicherte ihr jedoch, daß mein Gewicht im Hinblick auf meine Körpergröße durchaus noch im Normbereich lag. Als meine Mutter den Raum verlassen hatte, fragte er mich, ob ich versucht hatte abzunehmen.

„Nein, bei der Hitze habe ich einfach keinen Hunger“, erklärte ich ihm.

Das stimmte zum Teil auch. In Arizona war es verhältnismäßig wärmer, und schwere Mahlzeiten beeinträchtigten das Wohlbefinden.

„Gut, aber achte darauf, daß du gut auf dich aufpaßt!“, ermahnte er mich. „Vielleicht solltest du nachts aufstehen und ein Steak essen!“

Ich lächelte, obwohl schon der Gedanke, ein Steak zu essen, mir zuwider war, und zog mich wieder an.

An diesem Abend kochte meine Mutter meine Lieblingsspeise.

„Ich habe keinen Hunger“, erklärte ich ihr.

„Du mußt aber essen!", entgegnete sie beharrlich.
„Ich esse später mit meinen Freunden. Ich gehe heute noch auf eine Party, und dort gibt es Pizza."
„Du mußt aber etwas Gesundes essen. Du hast heute kaum etwas gegessen!"

Essen - mein Feind!

Sie hatte Recht. Ich hatte fast nichts zu mir genommen. Ich hatte Angst, daß ich wieder dick werden würde, wenn ich nach Hause kommen würde. Ich dachte, jeder wolle mich zum Essen zwingen. *Sie wollen nicht, daß ich schlank bin*, dachte ich. *Sie sind gegen mich.*

Meine Mutter versuchte sogar, meinen Vater dazu zu bringen, sie zu unterstützen. „Joe, sag ihr, daß sie essen soll."

„Sie ist schon in Ordnung", besänftigte er sie, während er von seiner Zeitung aufschaute und mich anlächelte. Ich wußte, mein neues Gewicht gefiel ihm. Wenigstens zwang er mich nicht zum Essen!

An diesem Abend ging ich mit meinem neuen, verbesserten und sonnengebräunten Arizona-Körper aus. Ich kam mir vor wie ein anderer Mensch. Ich verhielt mich und redete wie meine Mitstudentinnen. Ich hatte auch noch etwas anderes von ihnen gelernt - wie man Partys feiert! Ich flitzte auf der Party umher und bezog meine ganze Kraft aus der neugewonnenen Aufmerksamkeit.

„Du schaust großartig aus! Ich hätte *dich* bitten sollen, mit mir auf den Abschlußball zu gehen!"

Meine Güte, war das alles wirklich wahr oder nur ein Traum? Jungs, die mich im Gymnasium keines Blickes gewürdigt hatten, wollten sich nun mit mir verabreden. Als ich in dieser Nacht im Bett lag, beschloß ich, nie wieder soviel zu wiegen wie früher.

Doch als ich in die Uni zurückkehrte, stellte ich fest, daß ich wieder etwas zugenommen hatte. Als ich mich bei einer Mitstudentin darüber beklagte, schlug sie mir vor, ich sollte anfangen, Entwässerungstabletten einzunehmen. Ich konnte mich noch daran erinnern, daß meine Mutter solche Tabletten genommen hatte, doch ich wußte nicht genau, was sie bewirkten.

„Nimmt man die denn nicht nur, bevor man seine Periode bekommt?“, fragte ich.
„Nein!“, versicherte sie mir. „Ich nehme sie jeden Freitagmorgen, damit ich am *Freitag* abend schlank bin!“
Das hörte sich zu gut an, um wahr zu sein.
„Bist du sicher, daß diese Tabletten in Ordnung sind?“
„Ja, schau - sind nicht einmal rezeptpflichtig!“
Sie reichte mir eine Packung rezeptfreier Entwässerungstabletten.

Sie sahen harmlos aus. Ich drehte die Schachtel um, um zu lesen, welche Wirkstoffe darin enthalten waren.
„Sie enthalten eine Menge Koffein.“
„Ja, das ist super - sie putschen dich richtig auf! Versuch mal eine.“

Ich steckte eine Tablette in meine Tasche. Bisher war es mir immer leicht gefallen abzunehmen. Ich würde es auch diesmal schaffen.

Doch dieses Mal brauchte ich länger, um mein Gewicht zu reduzieren. Es fiel mir schwerer, mich beim Essen zurückzuhalten. Neben dem Kalorienzählen und den Diät-Tips hatten meine Mitstudentinnen und ich noch etwas gemeinsam, wir alle hatten eine Art Haß-Liebe zum Essen. Nahrungsmittel waren unser Feind, *denn sie machten uns dick,* doch gleichzeitig liebten wir sie, *denn sie schmeckten so gut!*

Das Essen bekam einen anderen Stellenwert in meinem Leben. Ich begann mehr und mehr daran zu denken. Essen und Trinken wurde zu einer regelrechten Leidenschaft. Beides liebte ich bis zum Exzeß. Wenn ich trank, trank ich, um mich zu betrinken. Wenn ich aß, aß ich so viel, daß es mir übel wurde. Aber weil ich trotzdem noch Komplimente für mein Aussehen bekommen wollte, betrieb ich intensiv Sport. Entweder machte ich gerade eine Radikaldiät oder ich aß über die Maßen. Es gab kein Mittelmaß für mich. An die Schule dachte ich nur dann, wenn eine Prüfung bevorstand. Trotzdem gelang es mir eine glatte 2 im Schnitt zu behalten.

Das Gesetz der Nahrungseinschränkung hatte in mir ein außerordentliches Verlangen erweckt. Das Gesetz wird am Ende immer dazu führen, daß die Lüste des Fleisches und der Seele sich entzünden. Ich konnte mich fast zu Tode hungern, doch sobald ich wieder anfing zu essen, konnte ich nicht mehr aufhören, bis nichts mehr in meinen Magen hineinpaßte. Es gab nur Völlerei oder Nulldiät.

Bis zum Äußersten gehen

Es war sehr schwer, diesen Lebensstil aufrechtzuerhalten, deshalb behalf ich mir mit Abführmitteln und harntreibenden Mitteln, die mir meinen Kampf erleichtern sollten. Als ich im sechsten Semester war, war ich körperlich abhängig von ihnen. Ohne diese Hilfsmittel funktionierte mein Körper nicht mehr. Zu dem, daß ich Magenbeschwerden hatte, fühlte ich mich ständig unwohl. Ich hatte Angst vor meinem eigenen Körper. Was, wenn ich wieder dick werden würde? Was, wenn ich nicht auf die Toilette gehen konnte?

Ich wurde krank und hatte ständig erhöhte Temperatur. Dann bekam ich am ganzen Oberkörper einen Ausschlag. Ich suchte das Uni-Krankenhaus auf.

„Wann hattest du das letzte Mal Stuhlgang?", fragte mich die Ärztin, während sie mit besorgter Miene auf meinen Magen drückte.
„Vor einem Monat! Aber normalerweise habe ich einmal pro Woche", versicherte ich ihr.

Die Ärztin schüttelte ungläubig den Kopf. „Schätzchen, du solltest jeden Tag auf die Toilette gehen. Wir werden dich genauer untersuchen müssen."

Zuerst wurde ich geröntgt. Man teilte mir mit, daß meine Därme bis hinauf zu den Lungen verstopft waren. Ich wurde sofort ins Krankenhaus zu einem Spezialisten eingewiesen. Es war ein Alptraum. Dort bekam ich ein rezeptpflichtiges Abführmittel, und als dies keine Wirkung zeigte, gab man mir einen Becher Rizinusöl zu trinken. Die Krämpfe waren entsetzlich. Dann wurde eine Reihe von Untersuchungen an mir durchgeführt mit der Diagnose: Irritation des Verdauungssystems und schwere Laktoseunverträglichkeit. Die ganze Tortur rüttelte mich ausreichend wach, daß ich von nun an keine Abführmittel und Entwässerungstabletten mehr einnahm. Doch ich verfolgte nach wie vor wie besessen mein Gewicht.

Eines Abends beobachtete ich beim Abendessen eine meiner Mitstudentinnen. Sie verschlang alles, was sich auf ihrem Teller befand, und dann noch mehr. Und sie war nicht dick. Wie machte sie das? Ich hatte noch nie gesehen, daß sie lief oder Sport trieb. Als wir unter uns waren, fragte ich sie nach ihrem Geheimnis.

„Ich esse alles, was ich will; anschließend gehe ich auf die Toilette und stecke mir den Griff meiner Zahnbürste in den Hals. Dann putze ich mir die Zähne."
„Kannst du mir zeigen, wie das geht?", fragte ich.
„Klar! Geh heute abend nach dem Essen einfach mit mir Zähne putzen."

Mit Pferdeschwanz folgte ich ihr nach dem Abendessen die Treppe hinunter in unser Gemeinschaftsbad. Zum ersten Mal fiel mir auf, daß viele meiner Mitstudentinnen mit einer Zahnbürste in der Hand die Toilettenkabinen ansteuerten.

„Geh einfach hinein und tu es!"

Die ultimative Diät

Ich zögerte. Ich haßte es, mich zu erbrechen. Ich hatte sogar von Leuten gehört, die dabei gestorben oder am eigenen Erbrochenen erstickt waren. Wollte ich das wirklich tun?

Meine dünne Mitstudentin lächelte und zuckte die Achseln, als ob sie sagen wollte, *Mach, was du willst.* Dann huschte sie in die Kabine. Ich spitzte die Ohren. Es hörte sich gar nicht so an, als ob sie sich erbrechen würde; man hörte nur ein leises Würgen.

„Hast du es gemacht?"
„Ja, es ist ganz einfach."

Tapfer betrat ich meine Kabine und kniete vor der Toilettenschüssel nieder. Bisher war ich nur niedergekniet, wenn ich gebetet hatte. Und jetzt kniete ich vor einer Toilettenschüssel! Ich sprang hoch.

„Ich kann das nicht tun", ereiferte ich mich.„*Natürlich* kannst du es. Ich mache es die ganze Zeit", redete sie mir in anfeuerndem Tonfall zu. Ich schloß meine Augen und schob den Stiel der Zahnbürste immer weiter in meinen Rachen. Ich würgte.

„Es hat nicht funktioniert!"
„Versuchs noch einmal."

Ich würgte wieder, und meine Augen fingen in Folge der Würgreflexe an zu tränen. Ich erhob mich. *Ich kann das nicht tun. Ich werde wieder hungern müssen oder mir etwas anderes ausdenken!* Das Schuljahr war fast zu Ende, und ich war immer noch schlanker als die meisten Mädchen zu Hause in Indiana. Diesen Sommer über würde mir bestimmt etwas einfallen.

Es stellte sich heraus, daß diese Sommerferien völlig anders verliefen als alle bisherigen. In diesem Sommer hörte ich zum ersten Mal das Evangelium, und ich wurde Christ. Jesus füllte eine Leere in mir aus, die ich hatte stillen wollen, indem ich versucht hatte, die Aufmerksamkeit junger Männer zu bekommen. Als ich erkannte, daß Gott mich so liebte, wie ich bin, konnte ich mich langsam entspannen. Ich gab mein exzessives Training, meine Diäten und das Trinken auf, und ich sah schon bald wieder gesünder aus.

Christen trinken vielleicht keinen Alkohol, aber sie essen leidenschaftlich gerne. Von nun an drehte sich jedes gesellige Beisammensein, an dem ich teilnahm, ums Essen! Beim Gemeindepicknick wurde gegessen; nach dem Gottesdienst aßen wir; und wenn man sich verabredete, ging man gemeinsam zum Essen. Das einzige Problem war nun, daß sich meine exzessiven Übertreibungen auf eine vermehrte Nahrungsaufnahme verlagerten.

An den üppig gedeckten Tischen der Christen redete niemand über Kalorien oder das Laster des Essens. Gemeinsam zu essen war eine Feierlichkeit. Ich feierte mit jedem, und deshalb hatte ich schon bald nahezu alle Kilos, die ich abgenommen hatte, wieder auf den Rippen.

Nachdem ich mich verlobt hatte, mußte ich wieder nach Indiana zurückgehen, um dort die Hochzeitsvorbereitungen zu treffen. Ich war etwas übergewichtig... aber John schien das gar nicht zu bemerken.

Im August 1982 hatte ich wieder meine 58 Kilo erreicht, doch diesmal war es kein Muskelgewebe. Bis zu meiner Hochzeit waren es noch zwei Monate, und ich beschloß, zu trainieren und mich wieder in Form zu bringen, während ich zu Hause war. Doch daheim herrschte ein heilloses Durcheinander, und ich reagierte auf dieses Chaos, indem ich aß.

Wenn ich mich langweilte, ging ich zum Kühlschrank, öffnete die Tür - auch wenn ich gar nicht hungrig war - und schaute hinein. Von nun an schwankte ich zwischen Freßorgien und Nulldiäten hin und her.

Mein Tagesablauf sah folgendermaßen aus: Aufstehen, wiegen, Frühstück, wiegen, Besorgungen machen, Mittagessen, wiegen, Telefonanrufe erledigen oder Hochzeitsvorbereitungen treffen, Abendessen, wiegen, Frustration mit anschließendem Freßgelage!

Ich stopfte mich voll und redete mir dabei ein, ich könne heute noch alles essen, was ich wollte, da ich am nächsten Tag überhaupt nichts essen würde! Ich aß so lange, bis ich Magenschmerzen bekam, dann legte ich mich schlafen. In der Nacht hatte ich Alpträume darüber, daß ich den ganzen Kühlschrank leergegessen hätte. Schweißgebadet wachte ich auf und vergewisserte mich, daß ich alles nur geträumt hatte.

Auf und nieder

Am darauffolgenden Tag aß ich dann vielleicht wirklich nichts, doch ich dachte die ganze Zeit an nichts anderes als an Essen. *Wie gut würde es schmecken!* Ich öffnete den Kühlschrank und schloß ihn wieder. Ich schaute in den Gefrierschrank. Ich wog mich jeden Tag nach dem Aufstehen, am Nachmittag und am Abend. Oftmals hatte ich nicht einmal ein Pfund abgenommen! Völlig entmutigt tröstete ich mich daraufhin mit einer weiteren Freßorgie. Ich versuchte es mit Trinkdiäten und Diäten mit hohem Proteingehalt, doch ich hatte mit keiner einzigen Erfolg. Meine Eltern hatten sich getrennt. Alle meine Freunde waren aus der Stadt weggezogen. Ich fühlte mich fett und häßlich. Und ich vermißte John.

Vier Wochen vor meiner Hochzeit kam schließlich das große Erwachen. Ich mußte mir noch einen Unterrock zu meinem Brautkleid in der amerikanischen Größe 9 aussuchen. Ich holte mein Brautkleid, damit wir die dazu passende Größe bestimmen konnten. Mein Kleid war hinten durchgehend geknöpft. Ich schlüpfte hinein und zog die Seitenteile zusammen, damit die Verkäuferin es zuknöpfen konnte.

„Schätzchen, hier muß ein Irrtum vorliegen!“, rief sie aus.
„Was meinen Sie damit?“, fragte ich.
„Das kann nicht Ihr Brautkleid sein! Es paßt Ihnen auf gar keinen Fall! Die Knöpfe stehen so weit auseinander!“, erklärte sie, während sie mit Zeigefinger und Daumen einen Abstand von sieben bis zehn Zentimetern anzeigte.
„Hier war es ein wenig eng. Warten Sie, ich ziehe es ein wenig zusammen!“, sagte ich, während ich den Bauch einzog und meine Taille hineinpreßte.
„Meine Liebe, hier muß ein Fehler passiert sein! Das kann nicht Ihr Kleid sein. Ich kann es immer noch nicht zuknöpfen. Die Knöpfe werden abreißen.“

Ich spürte, wie ich vor Verlegenheit rot im Gesicht wurde

„Geben Sie mir einfach einen Unterrock, und ich werde ihn anprobieren, ohne die Knöpfe zu schließen", meinte ich.

„In Ordnung!", erwiderte sie, während sie kopfschüttelnd und vor sich hin murmelnd die Ankleidekabine verließ.

Die Verkäuferin hatte sicherlich übertrieben! Sobald sie draußen war, wirbelte ich herum und verrenkte mich fast bei dem Versuch, das Rückenteil meines Kleides anzuschauen. Zu meinem Entsetzen hatte sie recht. Es gelang mir nicht einmal, die Seitenteile zusammenzubringen, geschweige denn das Kleid zuzuknöpfen. In den letzten Monaten hatte ich so sehr zugenommen, daß mir mein Brautkleid nicht mehr paßte.

Ich bestellte den Unterrock, packte mein Kleid ein und eilte nach Hause. Als ich das Kleid gekauft hatte, war es nur eine Idee zu eng gewesen. Ich war überzeugt davon gewesen, daß ich zu Hause abnehmen und nicht zunehmen würde, wie es nun der Fall war. Ich hätte im Traum nicht daran gedacht, daß so etwas geschehen könnte! Meine Eltern hatten für dieses Kleid eine Menge Geld ausgegeben. Und nun mußte ich mich fragen, ob ich es jemals würde tragen können.

Zu Hause angekommen rannte ich die Treppen hoch in mein Zimmer. Ich griff nach meiner Bibel und warf mich damit auf den harten Holzfußboden. Heute wollte ich es mir nicht in meinem Bett bequem machen. Ich wollte der Realität ins Auge sehen. Ich weinte und schüttete dem Herrn mein Herz aus.

Gott antwortet

„Gott, wie konntest du all dies zulassen? Ich esse den ganzen Tag nichts und verliere trotzdem nicht ein einziges Pfund. Wenn ich nur einen Apfel und einen Joghurt esse, nehme ich schon ein Pfund zu. Und wenn ich so richtig reinhaue, habe ich am nächsten Morgen sogar ein ganzes Kilo zugenommen! Ich habe es satt, es immer wieder zu versuchen und es trotzdem nicht zu schaffen. Warum kann ich nicht normal essen?"

Als ich daran dachte, was mein Vater und meine Mutter für ein Gesicht machen würden, wenn ich ihnen erzählen würde, daß mein Kleid nicht mehr paßte, kamen mir schon wieder die Tränen. Ich war niedergeschlagen und voller Selbstmitleid. Als ich mich ausgeweint hatte, wurde ich ruhiger. Ich hörte eine leise, sanfte Stimme zu mir sprechen.

„Lisa, dein Gewicht ist ein Götze für dich geworden."

Ein Götze! Alles, was ich mir darunter vorstellen konnte, war das goldene Kalb, das ich in meiner illustrierten Bibel gesehen hatte. Doch ich blieb weiterhin still und hörte zu.

„Immer wenn du allein bist, ißt du. Wenn du dich ärgerst, ißt du. Wenn du dich langweilst, ißt du. Wenn du niedergeschlagen bist, ißt du. Und auch wenn du glücklich bist, ißt du."
Damit war alles abgedeckt.
„Du kommst nicht zu mir. Du liest nicht in meinem Wort. Du ißt lieber, weil das einfacher ist."
Jedesmal, wenn ich in meiner Bibel lesen wollte, war die geistliche Bedrückung in unserem Haus so stark, daß ich einschlief. Fernsehschauen dagegen konnte ich stundenlang, ohne müde zu werden. Dasselbe ereignete sich, wenn ich beten wollte.

Die ruhige Stimme fuhr leise fort: „Du fühlst dich gut, wenn du schlank bist, und schlecht, wenn du dick bist. Du bist nicht vom Heiligen Geist geführt; dein Gewicht bestimmt deine Launen und dein Leben. Es ist dein Götze geworden."

Jetzt erkannte ich es! Es war die Wahrheit. Essen hatte mein Gedankenleben kontrolliert und mir sogar den Frieden geraubt. Ich hatte nicht einmal mit anderen über meinen Glauben gesprochen, weil ich Angst gehabt hatte, wegen meiner Körperfülle von ihnen abgelehnt zu werden. Ich fing an zu weinen, weil ich alles bereute.

Mir wurde klar, wie ich meine ganze Stärke aus meinem Gewicht und nicht von Gott bezogen hatte. Ich hatte meinen Wert von dem Zeiger meiner Waage abhängig gemacht, und ich hatte bestimmt, daß ich nur dann liebenswert war, wenn ich dünn war.

„Wenn du dieses Eßverhalten bereust und dich davon abwendest, werde ich deinen Stoffwechsel heilen. Mach keine Diät mehr und hör auf, dich zu wiegen. Zieh dich zurück und faste drei Tage, in denen du nur Säfte und Wasser trinkst, und ich werde deinen Körper von seinen Gelüsten befreien. Ich werde dir zeigen, wie man richtig ißt. Notiere dein Normalgewicht und lege den Zettel in deine Bibel."

Ich hatte gar keine Ahnung mehr, welches Gewicht für mich angemessen war. Zur damaligen Zeit wog ich 59 Kilo.

„Gott, du hast mich geschaffen. Wieviel sollte ich wiegen?" Meine Vorstellungen waren so verdreht, und ich wußte, daß ich ein viel zu leichtes Gewicht für meine zwar hochgewachsene, aber doch feingliedrige Statur auswählen würde. Ich wurde ganz still, und während ich aufmerksam lauschte, kam mir eine bestimmte Zahl in den Sinn. Ich kritzelte die Ziffer aufs Papier und heftete es in meine Bibel. Es war mehr als meine ehemaligen magersüchtigen 46,5 Kilo. Ich dachte zwar, ich solle 50 Kilo wiegen, schrieb aber eine andere Zahl auf.

Ich stand vom Fußboden auf und schnappte die Waage. Ich stieg damit auf einen hohen Schlafzimmerstuhl und verstaute sie ganz weit oben in meinem Schlafzimmerschrank. Gott hatte mir untersagt, mich weiterhin zu wiegen. Wenn ich mich nun wiegen wollte, müßte ich erst einmal hinaufklettern, um die Waage herunterzuholen, während ich die ganze Zeit über wissen würde, daß ich Gott ungehorsam war.

Fasten, um den Zwang zu brechen

Ich ging ins Badezimmer, um mir die Tränen abzuwaschen. Dann machte ich mich sofort auf den Weg in den Supermarkt. Während ich die Getränkeabteilung entlangging, spürte ich ganz deutlich den göttlichen Impuls, ich solle mir zwei Liter naturtrüben Apfel-Erdbeer-Saft aus biologischem Anbau und einige Liter stilles Mineralwasser kaufen. Ich hatte noch nie zuvor naturtrüben Saft getrunken. Am nächsten Tag würde ich mit einem völlig neuen Lebensstil beginnen. Dieses Mal fastete ich nicht, um Gewicht zu verlieren, sondern um Gemeinschaft mit Gott zu haben.

Mein Ziel war nicht, abzunehmen. Ich hatte die Gegenwart Gottes gespürt und mich von Ihm geführt gefühlt, dieses Fasten anzutreten. Ich hatte den Eindruck gehabt, daß Er über meine Umkehr und meine Entscheidung zu fasten, um Ihm näher zu kommen, erfreut war. Die nächsten drei Tage trank ich mal reinen und mal verdünnten Apfel-Erdbeer-Saft oder einfach nur Mineralwasser. Gott erhielt mich bei Kräften, denn Er hatte mich schließlich zu diesem Fasten aufgefordert. Ich ging spazieren und redete mit Ihm. Ich hörte mir Lobpreis- und Anbetungskassetten an und weinte in Seiner Gegenwart.

Dann war die Zeit vorüber, in der ich auf Essen verzichtet hatte. Nun mußte ich lernen, einen enthaltsamem Lebensstil beizubehalten. Ich aß nur soviel, daß ich satt war, und stopfte mich nicht mehr voll. Weil ich zuvor den Unterschied nicht gekannt hatte, bekam das Gebet vor dem Essen eine ganze neue Bedeutung für mich. Ich dankte Gott vor jeder Mahlzeit für mein Essen. Ich dankte Ihm dafür, daß Nahrung weder mein Feind war, noch zu meiner Befriedigung diente. Sie gab meinem Körper Kraft, und dafür pries ich wiederum Gott. Manchmal überfiel mich die Angst: „Wenn du das ißt, wirst du dick werden! Du mußt hungern!" Oder die Gier wollte mir einflüstern: „Das hat gut geschmeckt, du mußt mehr davon essen!"

Ich war fest entschlossen, etwas nicht nur deshalb zu essen, weil es gut schmeckte, sondern ich wollte essen, um meinen Körper zu ernähren. Ich weigerte mich, mich noch länger von meinen fleischlichen Begierden beherrschen zu lassen. Ich hörte auf meine innere Stimme und wußte so, wann ich genug hatte. Dann legte ich meine Gabel beiseite und aß keinen Bissen mehr.

Ich war so begeistert über das, was Gott mir gezeigt hatte, und so glücklich über diese neuentwickelte Sensibilität, daß ich immer gehorsam sein wollte. Selbst wenn meine Familienangehörigen mich drängten, mehr zu essen, konnte ich sagen: „Nein, danke! Ich bin satt."

Ich fühlte mich großartig! Ich ging jeden Abend fast zwei Kilometer spazieren, wobei ich betete und mit Gott sprach. Ich rannte nicht, um Kalorien zu verbrennen; ich wollte mich einfach bewegen und mit Gott reden. Ich wußte, daß ich abnahm, doch ich beschloß, diese Tatsache gar nicht zu beachten.

Inzwischen waren es nur noch einige Tage bis zu meiner Hochzeit, und ich hatte meinen neuen Lebensstil nun schon über drei Wochen lang praktiziert. Ich hatte keine Ahnung, wieviel ich wog, und es interessierte mich auch nicht. Allerdings mußte ich nun wissen, ob mir mein Brautkleid inzwischen paßte. Also probierte ich es an. Und es paßte nicht nur, es war sogar ein wenig zu weit. Ich lachte vor Freude! Ich würde mein wunderschönes Kleid tragen können.

Unsere Hochzeit war wundervoll, und als ich nach Hause ging, um mich zum Ausgehen umzuziehen, hielt mich Gott mit den Worten auf: *„Jetzt* kannst du dich wiegen."

Ich holte die Waage herunter und stellte mich darauf. Die Nadel schwankte zwischen 50 und 54 Kilo. Ich hüpfte von der Waage und schnappte mir meine Bibel. Beim Durchblättern fand ich den Notizzettel, auf den ich damals die angemessene Kilozahl gekritzelt hatte. Das war schon vor etlichen Wochen gewesen, und ich hatte die Zahl inzwischen wieder vergessen gehabt. Ich schaute auf das Stück Papier und las - 52,5 Kilo. Ungläubig stieg ich noch einmal auf die Waage; es war *exakt mein aktuelles Gewicht*! Ich wußte, daß Gott meinen Körper geheilt hatte. Er hatte mich bereits im Mutterleib gebildet... und Er konnte mich heilen.

Freiheit in Christus

Ich hatte kein Interesse mehr daran, anderen zu gefallen. Ich wollte

Gott gefallen. Er hat uns mitgeteilt, daß Er schon weiß, was wir benötigen, bevor wir Ihn darum gebeten haben. Er hat uns gesagt, daß wir auf wunderbare, erstaunliche Weise geschaffen worden sind. Er mißt uns nicht an sichtbaren Dingen, sondern an dem, was unsichtbar ist. Folgende Schriftstelle bekam für mich eine völlig neue Bedeutung:

> *„Deshalb sage ich euch: Seid nicht besorgt für euer Leben, was ihr essen und was ihr trinken sollt, noch für euren Leib, was ihr anziehen sollt. Ist nicht das Leben mehr als die Speise und der Leib mehr als die Kleidung?"*
>
> \- Matthäus 6, 25

Sich über solche materiellen Dinge den Kopf zu zerbrechen, ist reine Zeitverschwendung! Jesus weist uns darauf hin, daß wir durch Sorgen unserer Lebenslänge nicht eine einzige Elle zufügen können. Er sagte, es sei sinnlos, daß wir uns über große Dinge den Kopf zerbrechen, wenn wir nicht einmal die kleinen und einfachen Dinge des Lebens ändern können.

Wenn ich von Angst und Sorge überfallen wurde - „Was wird geschehen, wenn du Kinder bekommst?", „Was ist, wenn du dein Gewicht dann nicht mehr los wirst?" - , wehrte ich mich mit dem Wort Gottes dagegen, nicht mit meinen Erfahrungswerten. Ich hielt als Argument dagegen, daß Gott meine Sache zur Vollendung bringen würde und daß Kinder ein Segen des Herrn sind. Ich weigerte mich zu glauben, daß eine Schwangerschaft meinem Körper schaden würde. Ich habe inzwischen vier Kinder, und sie haben mich regelmäßig viel Kraft gekostet und meinen Rücken strapaziert, doch ich benutze immer noch Gottes Wort, um meine Figur im Griff zu behalten.

Wenn du dir Sorgen um dein Gewicht machst, leidet dein Stoffwechsel darunter. Es ist eine bewiesene Tatsache, daß Angst und Sorgen dein gesamtes Verdauungs- und Stoffwechselsystem beeinflussen können.

Ich habe mich entspannt, meine Kinder gestillt und die Zeit mit ihnen genossen, ohne mir Sorgen darüber zu machen, wie ich durch

Gymnastik wieder meine frühere Figur zurückerlangen konnte. Und nach jedem meiner Kinder hatte ich anschließend dieselbe oder sogar noch eine kleinere Kleidergröße wie vor der Schwangerschaft.

Gott war treu und hat dafür gesorgt, daß ich ohne Diät und Gymnastik mein Gewicht beibehalten habe. Ich vertraue darauf, daß Er mein Gewicht im Auge behält, solange ich dem Essen den angemessenen Stellenwert einräume. Ich esse, bis ich satt bin. Wenn ich zu Hause bin, ernähre ich mich gesundheitsbewußt, weil ich meinem Körper nicht schaden will, und nicht um abzunehmen. Wenn irgendwelche Feierlichkeiten anstehen, genieße ich die Mahlzeiten. Aber ich esse, um zu feiern... und mache nicht das Essen an sich zu einem Fest.

Dieses Kapitel handelt nicht vom Abnehmen; es geht vielmehr darum, worauf du dein Vertrauen setzt. Es dreht sich darum, wofür du deine Energie verwendest. Auch ich habe unter meinem Gewicht gelitten, bis ich meine Seele durch Fasten gezüchtigt habe, so daß Gott mich heilen konnte.

Hast du dich in diesem Kapitel wiedererkannt?

___

Stillt Essen in deinem Leben Verlangen und Sehnsüchte, die nur Gott stillen kann?

___

___

Nenne einige dieser Verlangen?

___

___

___

Werden diese Verlangen wirklich gestillt, oder bist du immer noch unzufrieden?

___

___

___

*Ist Essen ein Götze in deinem Leben?*________________________

Läßt du es zu, daß dein Gewicht deine Laune bestimmt?

____

Fühlst du dich nur gut, wenn du schlank bist?

____

Fühlst du dich schlecht, wenn Gewichtsschwankungen auftreten?

____

Was beherrscht dich?

____

____

*Du bist nicht, was du wiegst. Bist du bereit, diesen Trugschluß aufzugeben und weiterzugehen?*____________________________

Wenn du es ernst meinst, dann bete mit mir:

Vater Gott, vergib mir, daß ich dem Essen und meinem Gewicht den falschen Platz in meinem Leben eingeräumt habe. Ich wende mich von diesem Götzendienst ab. Ich werde meinen Wert nicht länger am Zeiger meiner Waage messen. Ich werde mit dem Kalorienzählen und den Diäten aufhören. Ich werde mein Essen mit Gebet und Danksagung einnehmen, und ich werde darauf vertrauen, daß du mir zeigst, wann ich genug gegessen habe. Ich werde essen, weil du Lebensmittel gegeben hast, damit ich mich davon ernähren kann.

Ich werde mich nicht länger von meinem Magen beherrschen lassen. Über mein Gewicht werde ich mir keine Sorgen mehr machen und ängstlich darüber nachdenken...ich werde dir vertrauen. Heile meinen Stoffwechsel. Ich werde keine Flüche mehr über meinen Körper aussprechen; statt dessen werde ich die Wahrheit deines Wortes sagen.

Ich werde keine Abführmittel oder harntreibenden Mittel mehr einnehmen. Herr, bringe jeden Teilbereich meines Körpers wieder ins

Gleichgewicht. Da du mich geschaffen hast, zeige mir bitte, wieviel ich wiegen und was ich essen sollte. Teile mir mein Idealgewicht mit, damit ich es aufschreiben kann. Ich übergebe dir diesen Bereich meines Lebens völlig. Ergreife du die alleinige Herrschaft darüber!

Datum:____________________

Unterschrift:____________________

Von diesem Tag an solltest du dir über diesen Bereich keine Gedanken mehr machen und dich nicht mehr selbst beurteilen. Nimm es nicht wieder selber in die Hand.

Das Fasten, das ich meine,

dient nicht der Gewichtsregulierung...

Es hat nichts damit zu tun,

daß wir anders aussehen

oder uns besser fühlen wollen,

sondern es soll unsere Wahrnehmung

und unseren Lebensstil verändern.

10

Fasten

„Ist nicht vielmehr das ein Fasten, an dem ich Gefallen habe: Ungerechte Fesseln zu lösen, die Knoten des Jochs zu öffnen, gewalttätig Behandelte als Freie zu entlassen und daß ihr jedes Joch zerbrecht? Besteht es nicht darin, dein Brot dem Hungrigen zu brechen und daß du heimatlose Elende ins Haus führst? Wenn du einen Nackten siehst, daß du ihn bedeckst und daß du dich deinem Nächsten nicht entziehst?"

- Jesaja 58, 6-7

Gott hatte mich *nicht* zu einer Diät aufgefordert; Er hatte mir nahegelegt *zu fasten*. Das scheint ein Widerspruch zu sein, da in jedem der beiden Fälle die Nahrungsaufnahme reduziert wird. Der Unterschied liegt deshalb im Ziel und im Motiv, das zugrunde liegt. Eine Diät dient dem Zweck, zu- oder abzunehmen. Ein Grund für eine Diät kann sein, daß man eine gesundheitliche Verbesserung erreichen oder gesundheitliche Probleme beseitigen will. Eine Diät ist eine natürliche Methode, die zu einer Gewichtsveränderung oder einer Veränderung unseres gesundheitlichen Zustands führt. Sie verändert unser Aussehen oder wie wir uns fühlen.

Das Fasten, von dem ich rede, ist nicht dazu gedacht, zu- oder abzunehmen. Es ist auch keine natürliche Heilmethode. Auch soll dadurch nicht unser Äußeres oder unsere Gefühlswelt, sondern die Art und Weise, wie wir Dinge *wahrnehmen* und wie wir *leben,* verändert werden. In unserer weltlichen Gesellschaft wurde jedoch das Fasten von seinem ursprünglichen Zweck entfremdet und zu einer Diät herabgesetzt. Wenn Fasten jedoch mit einer Diät gleichgesetzt wird, entsteht daraus keine geistliche Erneuerung, sondern lediglich eine körperliche.

Vor meiner Konfrontation mit der Wahrheit hatte ich nur gefastet, um abzunehmen. Manchmal hatte ich zwar ein „kombiniertes Fasten" angetreten, wobei ich in etwa folgendermaßen argumentiert hatte: *Ich muß abnehmen, und ich muß beten, deshalb werde ich fasten und auf diese Weise zwei Fliegen mit einer Klappe schlagen.* Doch bei dieser Art von Fasten lag der Schwerpunkt immer noch auf dem Essen und meinem Gewicht. Wir werden im Wort Gottes jedoch keine Stelle finden, an der wir aufgefordert werden zu fasten, um abzunehmen. Das, was wir uns vom Fasten erwarten, werden wir auch ernten. Wenn wir dabei nicht völlig auf Gott ausgerichtet sind, wird unser Fasten lediglich darauf reduziert sein, auf Nahrung oder irgendwelche Vergnügungen zu verzichten.

Das Fasten, auf das ich mich in diesem Kapitel bezogen habe, steht nicht in Verbindung mit Essen. Hier geht es vielmehr um *Glauben.* Ich hatte mein Vertrauen auf mein Gewicht gesetzt. Durch das Fasten wurde meine Abhängigkeit vom Essen umgewandelt in ein Vertrauen zu Gott. Ich wollte Ihn kennenlernen. Ich wollte Seine Wahrheit in mein tiefstes Inneres aufnehmen. *Ich wollte eine Veränderung meiner Person und nicht nur eine Gewichtsreduzierung erreichen.*

Lange genug hatte ich mein Selbstwertgefühl vom Zeiger meiner Badezimmerwaage abhängig gemacht und erlaubt, daß er meine Laune und mein Handeln bestimmte. Ich war nicht vom Geist geführt, sondern wurde von meinem Gewicht beherrscht. *Mein Gewicht hatte mich regelrecht erdrückt.* Dieses Fasten war nicht der Wendepunkt, was meine Gewichtsabnahme betraf; es war der Wendepunkt für meinen Glauben. Ich hatte auf mich selbst vertraut, und das Resultat war gewesen, daß ich immer und immer wieder enttäuscht worden war. Was ich brauchte war eine komplette geistliche und emotionale Erneuerung. Als ich meinen Götzendienst erkannt hatte, konnte ich mich mit folgender Schriftstelle identifizieren:

> *„Ich weinte und züchtigte meine Seele durch Fasten...."*
> - Psalm 69, 11 (Aus dem Englischen übersetzt)

Beachte, daß David seine Seele „züchtigte". Es war meine Seele gewesen, die sich erhoben und meinem Gewicht eine vorrangige Stellung zugewiesen hatte. Meine Seele hatte *Erfolg mit Schlanksein* gleichgesetzt. Sie hatte danach verlangt, von meinem Vater und von

Menschen Anerkennung zu bekommen. Meine Seele hatte mir die Sicht verschleiert und meine Wahrnehmung verzerrt, so daß meine ganze Aufmerksamkeit nur noch meiner Körpergröße, meiner Figur und meinem Gewicht galt. Ich hatte es soweit kommen lassen, daß meine Seele mich von der Wahrheit und einer gesunden Ausgewogenheit wegführen konnte. Meine Seele mußte gezüchtigt werden. Ich mußte mich im Geist erheben und meine Seele einer maßregelnden Fastenkur unterwerfen.

Das Wort *züchtigen* bedeutet auch „disziplinieren, reinigen, läutern, klären und verbessern". *Disziplinieren* wiederum meint auch „trainieren" oder „erziehen". Meine Seele mußte diszipliniert, umerzogen und gewissermaßen neu programmiert werden. Eine Züchtigung war erforderlich, um mein neues „Ich" zu erziehen und zu entwickeln. Durch diese maßregelnde Fastenkur wurde ein Prozeß der Reinigung, der Klärung und der Läuterung meiner Seele und Motivation in Gang gesetzt. Dieser Reinigungsprozeß brachte mich zur Einsicht, so daß ich wieder klar sehen konnte. So wie Eltern ihre Kinder erziehen, um ihnen den Unterschied zwischen richtig und falsch beizubringen, mußte meine Seele vom Herrn diszipliniert werden, damit ich vorankommen und weiser werden konnte.

Diese Läuterung meiner Seele führte zu einer Kontrolle über meinen natürlichen Körper und dessen Lüste, welche wiederum durch den Verzicht auf Nahrung gereinigt und geläutert wurden. Nachdem erst einmal das Verlangen meiner Seele gestillt worden war, konnten auch die Lüste meines Fleisches gezügelt werden. Meine bisherige Leidenschaft fürs Essen erlosch. Und nachdem ich meinem Körper Salz und Zucker für einige Zeit verweigert hatte, konnte ich wieder auf gesunde und ausgewogene Weise Gebrauch davon machen.

Nachdem ich mich nun nicht länger durch Essen trösten konnte, rannte ich von nun an direkt in Gottes Arme, wenn ich Trost benötigte. Ich erhielt all die verloren geglaubte Zeit und Leistungsfähigkeit, die ich meiner Leidenschaft fürs Essen und der Sorge um mein Gewicht geopfert hatte, zurück. All die Stunden, die ich früher für die Kontrolle verschwendete, setzte ich nun für das Studium von Gottes Wort ein. Ich war von der Sorge über mein Gewicht und der damit einhergehenden Angst, die erbarmungslos auf mir gelastet hatten, erlöst worden. Ich fühlte mich so leicht und beschwingt wie ein Gefangener, der aus den Händen eines harten, unbarmherzigen Sklaventreibers befreit worden war. Bevor Gott mich freigesetzt hatte, waren all meine Bemühungen nie gut genug, und ich war niemals schlank genug.

Meine Gefühlswelt kam wieder ins Gleichgewicht. Nicht länger hingen meine Gefühle von dem zerbrechlichen, launenhaften roten Zeiger meiner Waage ab. Ich hatte mich gehaßt, wenn ich dick war; nur wenn ich schlank war, hatte ich mich lieben können. Mein Selbstbewußtsein stand und fiel mit dem Zeiger meiner Waage. Die Meinungen anderer Menschen und ihre Reaktion auf mein Äußeres hatten einst mein Selbstwertgefühl bestimmt. Selbst wenn ich schlank war, litt ich unter Angstzuständen. Mein Zwang führte dazu, daß ich entweder himmelhoch jauchzend oder zu Tode betrübt war. Ich lebte von der Gnade des Zeigers auf meiner Waage und der Meinung der anderen.

Selbst bei einer natürlichen Fastenkur wird sich deine Sehkraft verbessern. Bei einem geistlichen Fasten wird alles, was dir die Sicht versperrt hat, von deinen Augen genommen.

Das Fasten hatte meine Wahrnehmung verändert, indem meine Aufmerksamkeit auf einen anderen Zielpunkt gerichtet wurde. Und dies wiederum führte dazu, daß ich meinen gesamten Lebensstil veränderte. Ich lebte nicht mehr fürs Essen oder für mein Gewicht. Ich lebte für Gott.

Nach der Fastenkur sah ich alles ganz anders. Gottes Wort und Seine Wahrheit hatten mir die Augen geöffnet. Ich konnte sowohl den richtigen Weg als auch meine früheren Fehlurteile erkennen. Durch das Fasten erhielt ich eine neue Perspektive und Richtung für mein Leben. Ich wendete meinen Blick von *mir* ab und blickte statt dessen auf Gott, meinen Vater.

Wie David war ich demütig geworden und hatte „meine Seele durch Fasten kasteit". (Lies Psalm 35, 13.) Demütig zu sein bedeutet, daß wir uns unterwerfen oder unterordnen. Ich ordnete meine Seele - und damit zwangsläufig auch meinen Körper - dem Worte Gottes und Seiner Wahrheit unter. Vor dieser Zeit war ich völlig meinen fleischlichen Verlangen und Gelüsten unterworfen gewesen.

> *„Und ich rief dort, am Fluß Ahawa, ein Fasten aus, damit wir uns vor unserem Gott demütigten, um von ihm einen geebneten Weg zu erbitten für uns und für unsere Kinder und für alle unsere Habe."*
>
> \- Esra 8, 21

Ich hatte eine Reise angetreten. Ich ging von einer Jahreszeit meines Lebens in die nächste hinüber. Ich gab mein Singledasein auf, um ein gemeinsames Leben mit meinem Mann zu führen. Ich verließ meinen Heimatstaat und beschritt einen unbekannten Weg, der Kinder und viele Reisen mit sich bringen sollte. Ich wollte Gottes Versorgung in keinem Lebensbereich missen. Meine eigene Unfähigkeit hatte mich in die Knie gezwungen, und ich hatte Gott flehend um Seinen Beistand gebeten.

Durch das Fasten bringen wir uns in eine Position, in der wir Gottes Versorgung in unserem Leben anerkennen können. Wir entdecken, daß Er unsere einzige Quelle ist. Wir nehmen keine Nahrung zu uns und sagen Ihm damit: „Ich möchte nur Dich und das, was Du mir gibst!"

Wenn wir auf die alltägliche Routine der Mahlzeiten und auf verschiedene Freizeitvergnügen verzichten, sind wir in der Lage, unsere Prioritäten neu zu setzen.

Hier sind einige positive Auswirkungen des Fastens:

1. Es erzeugt einen neuen geistlichen Hunger in uns.
2. Unsere Sensibilität wird gesteigert (Luk. 2, 36-38).
3. Demut (Ps. 35, 13).
4. Wir werden diszipliniert und umerzogen (Ps. 69, 11).
5. Es verändert unser Verlangen.
6. Es steigert unsere Leistungsfähigkeit.
7. Unsere Gebete werden erhört (Jes. 58,9).
8. Schutz und Versorgung. (Jes. 58,8).

9. Ungerechte Fesseln werden gelöst (Jes. 58,6).
10. Unterdrückte Menschen werden befreit (Jes. 58,6).
11. Jedes Joch wird zerbrochen (Jes. 58,6).
12. Die Hungerleidenden werden mit Nahrung versorgt (Jes. 58,7).
13. Rasch voranschreitende Heilung (Jes. 58,8).

Ein Hunger nach mehr von Gott

Wenn wir kein verlangen nach Gott haben, liegt das daran, daß wir unserer Seele erlaubt haben, sich an anderen Dingen zu sättigen. Als ich eines Morgens betete, wurde mir bewußt, daß mein Hunger nach Gott nicht ausreichend war. Ich bat Gott, Er möge diesen Hunger nach Ihm in mir erzeugen. Während ich in mein Tagebuch schrieb, was ich gebetet hatte, wartete ich auf eine Reaktion von Gott.

Und genauso schnell wie ich schreiben konnte, antwortete Er mir. Er zeigte mir, daß ich selbst daran schuld war, daß mein Appetit zurückgegangen war. Er erklärte mir, daß ich deshalb satt war, weil ich meinen Hunger bereits mit anderen Dingen gestillt hatte - mit Sorgen, mit den Vergnügungen und Ablenkungen, die diese Welt bietet.

Er verdeutlichte mir, daß ich fasten müsse, wenn ich inmitten dieses Überflusses einen geistlichen Hunger entwickeln wollte. Ich würde mich der Dinge enthalten müssen, die mich ablenkten, trösteten oder aber belasteten. Zu jener Zeit stillte ich den jüngsten meiner vier Söhne, und ich wußte, daß Gott deshalb nicht von mir erwarten würde, auf Nahrung zu verzichten. Mir war klar, daß Er mich statt dessen aufforderte, auf andere Dinge zu verzichten, die mich von der Gemeinschaft mit Ihm wegzogen.

Also verzichtete ich für eine gewisse Zeit aufs Fernsehen, auf Zeitschriften, auf private Telefonanrufe und auf Süßspeisen. Ich gestaltete meinen Tagesablauf so, daß ich mehr Zeit fürs Gebet und zum Bibellesen hatte. Dies behielt ich etwa einen Monat lang bei, und nach dieser Zeit stellte ich fest, daß mir die Lust auf einige der Dinge, auf die ich absichtlich verzichtet hatte, gänzlich vergangen war.

Außerdem bemerkte ich, daß mein Urteilsvermögen geschärft worden war. Vorher war ich durch die überwältigende Geräuschkulisse, die Stimmen und andere Ablenkungen in meiner Wahrnehmung abgestumpft gewesen.

Nun fiel es mir viel leichter, Gottes Stimme zu hören. Der natürliche Geräuschpegel in meinem Haus (mit vier kleinen Söhnen) hatte sich nicht verändert; was jedoch erheblich reduziert worden war, war der Geräuschpegel in meinen Gedanken.

Wenn wir unser Fasten auf die Zeiten beschränken, in denen wir uns absondern und einschließen können, werden wir nicht sehr oft die Gelegenheit dazu bekommen.

Da ich Mutter bin, haben meine Kinder ein Recht darauf, daß ich in einer gewissen Lebensphase meine Zeit mit ihnen verbringe. Gott hatte mich nicht aufgefordert, mir ein Hotelzimmer zu nehmen, um dort einige Tage lang zu fasten. Wahrscheinlich wußte Er, daß ich dort ins Bett gefallen wäre und die ganze Zeit geschlafen hätte. Er wollte, daß ich die Fähigkeit entwickelte, inmitten meines geschäftigen Alltagslebens zu fasten.

Gott möchte in unser tägliches Leben miteinbezogen werden; Er möchte uns nicht nur ab und zu begegnen, wenn wir gerade einen Höhepunkt erleben. Ich mußte lernen, mein Gehör zu schärfen, so daß ich Gott auch dann hören konnte, wenn ich mit der Erledigung meines geräuschvollen Haushalts beschäftigt war. Inzwischen kann ich Ihn hören, wenn ich dusche, wenn ich das Geschirr spüle oder die Wäsche sortiere.

Vielleicht wird dich das schockieren, aber meistens nehme ich mir nur dann Zeit, auf die Knie zu gehen, wenn ich mein Herz ausschütte oder um Vergebung bitte. Wenn das erledigt ist, kann ich Gottes Stimme hören, wann immer Er mir etwas mitteilen will.

Wenn ich mich auf einen Gottesdienst vorbereite, studiere ich und mache mir seitenweise Notizen, die ich oftmals gar nicht benutze. Ich mache diese Notizen für mich, um Ordnung in meine Gedanken zu bringen. Die eigentliche Vorbereitung auf den Gottesdienst erfolgt, wenn ich meine Fehler bekenne und mein Herz vor dem Herrn reinige.

Dadurch hat der Heilige Geist die Möglichkeit, durch mich zu wirken. Er trennt das Kostbare und Heilige (Gottes Wort und Seine Salbung) von dem Wertlosen (meinem Tagesplan und meinen Vorurteilen). Ich sondere mich so lange ab, bis ich den Eindruck habe, daß dieser Prozeß abgeschlossen ist, ganz gleich wieviel Zeit dies in Anspruch nimmt.

„Extra-Zeit" für Gott

Beim Fasten geht es nicht nur um das Verzichten auf Nahrung; wichtiger ist, daß wir uns zurückziehen. Durch diese extra für Ihn reservierte Zeit kommt zum Ausdruck, daß wir uns dem Herrn weihen; sie bedeutet eine Veränderung unserer Beziehung zu Ihm.

Gott stellte Israel folgende Frage:

> *„Ist ein Fasten, an dem ich Gefallen habe, etwa wie dies: Ein Tag, an dem der Mensch sich demütigt? Seinen Kopf zu beugen wie eine Binse und sich in Sacktuch und Asche zu betten? Nennst du das ein Fasten und einen dem Herrn wohlgefälligen Tag?"*
>
> \- Jesaja 58, 5

Das Fasten der Israeliten beschränkte sich auf religiöse Gebräuche und das Verzichten auf Nahrungsmittel. Der Prophet Jesaja sagte, daß die Israeliten das Fasten auf ein eintägiges Ritual reduziert und den eigentlichen Sinn des Fastens aus den Augen verloren hatten. Sie waren in dieser Hinsicht nicht mehr eins mit dem Herzschlag Gottes.

Gott teilt uns Seine Ansichten zum Thema Fasten mit, indem Er beschreibt, was für eine Art des Fastens Ihm gefällt:

> *„Ist nicht vielmehr das ein Fasten, an dem ich Gefallen habe: Ungerechte Fesseln zu lösen, die Knoten des Jochs zu öffnen, gewalttätig Be-*

handelte als Freie zu entlassen und daß ihr jedes Joch zerbrecht? Besteht es nicht darin, dein Brot dem Hungrigen zu brechen und daß du heimatlose Elende ins Haus führst? Wenn du einen Nackten siehst, daß du ihn bedeckst und daß du dich deinem Nächsten nicht entziehst?"

- Jesaja 58, 6-7

Gott wollte nicht, daß man Ihn nur hin und wieder an einem speziell dafür reservierten Tag ehrte. Was Er wollte, war eine radikale und tiefgehende Veränderung des Lebensstils. Er hatte keinen Gefallen an Gesetzlichkeit; Er wollte Veränderung. Jesus konfrontierte die Pharisäer mit der Bemerkung, sie würden zwar ihre Gewürzkräuter verzehnten, aber die wirklich wichtigen Dinge außer acht lassen. Die Pharisäer kannten sich hervorragend im Gesetz aus, aber sie hatten kein Verständnis vom Wesen der Liebe. Sie kehrten den Armen den Rücken zu und weigerten sich, zu helfen und Gutes zu tun.

Gott erklärte Seinem Volk, daß sie alles, worum sie sich bemüht hatten und was sie für ihr eigenes Leben benötigten, von Ihm bekommen würden, wenn sie sich - statt sich nur um sich selbst zu drehen - nach anderen ausstrecken würden. Er versprach ihnen:

„Dann wird dein Licht hervorbrechen wie die Morgenröte, und deine Heilung wird schnell sprossen. Deine Gerechtigkeit wird vor dir herziehen, die Herrlichkeit des Herrn wird deine Nachhut sein. Dann wirst du rufen, und der Herr wird antworten. Du wirst um Hilfe schreien, und er wird sagen: Hier bin ich!"

- Jesaja 58, 8-9

Gott gab ihnen Sein Wort, daß Er Sein Licht in ihre Finsternis senden, sie heilen und sie gerecht machen würde. Er versprach ihnen, daß Seine Herrlichkeit sie beschützen würde. Er würde ihre Gebete erhören und ihnen in Notzeiten helfen.

Er wiederholt noch einmal die Bedingungen, die Seinen Segnungen und Seiner Vision für ihr Leben vorausgehen:

„...Wenn du aus deiner Mitte fortschaffst das Joch, das Fingerausstrecken und böses Reden und wenn du dem Hungrigen dein Brot darreichst und die gebeugte Seele sättigst..."

- Jesaja 58, 9-10

Gott möchte, daß wir uns um die Nöte anderer kümmern und diejenigen ermutigen, die niedergeschlagen und bedrückt sind. Er möchte, daß das Fasten zu einem Wendepunkt in unserem Leben wird, indem wir alle Anschuldigungen und Vorurteile fallen lassen. Jede üble Nachrede und jegliche Verleumdung sollen aufhören, weil sie zerstörerische Auswirkungen haben. Er möchte, daß wir von uns wegschauen und unseren Blick auf andere Menschen lenken. Gottes Augen sind auf Seine Kinder gerichtet. Wenn wir uneigennützig lieben, schlägt Gottes Herz in unserer Brust. Er unterstreicht noch einmal Seine Verheißungen:

> *„...dann wird dein Licht aufgehen in der Finsternis, und dein Dunkel wird sein wie der Mittag. Und beständig wird der Herr dich leiten, und er wird deine Seele sättigen an Orten der Dürre und deine Gebeine stärken. Dann wirst du sein wie ein bewässerter Garten und wie ein Wasserquell, dessen Wasser nicht versiegen."*
>
> \- Jesaja 58, 10-11

In tiefster Dunkelheit wird Licht aufgehen - ein so helles Licht, daß dein Dunkel wie der Mittag sein wird. Weil Gott dir Seine Versorgung zugesagt hat, kannst du sicher sein, daß du alles bekommen wirst, was du brauchst, selbst wenn alles um dich herum wie ausgetrocknet ist. Gott wird dir unter den schwierigsten Umständen neue Kraft schenken und dich stärken. Und du wirst wie ein gut bewässerter Garten sein, der von einer Quelle getränkt wird, die niemals versiegt. Was mehr kann man sich wünschen? Doch die Liste der Wohltaten ist hier noch gar nicht zu Ende. Es geht folgendermaßen weiter:

> *„Und die von dir kommen, werden die uralten Trümmerstätten aufbauen; die Grundmauern vergangener Generationen wirst du aufrichten. Und du wirst genannt werden: Vermaurer von Breschen, Wiederhersteller von Straßen zum Wohnen. Wenn du deinen Fuß vom Sabbat zurückhältst, deine Geschäfte an meinem heiligen Tag zu treiben, und nennst den Sabbat eine Wonne und den heiligen Tag des Herrn ehrwürdig, und wenn du ihn ehrst, so daß du nicht deine Gänge machst, deinem Geschäft nachgehst und eitle Worte redest, dann wirst du deine Lust am Herrn haben. Und ich werde dich einherfahren lassen auf den Höhen der Erde und werde dich speisen mit dem Erbteil Jakobs, deines Vaters. Ja, der Mund des Herrn hat geredet."*
>
> \- Jesaja 58, 12-14

Keine dieser Segnungen ist irdisch; auch von Menschen können wir sie nicht bekommen. Es sind Segnungen, die Gott entspringen, und Er gibt sie uns, nachdem wir unsere Herzenseinstellung verändert haben.

Gott fordert uns zum Fasten auf, damit wir Frauen werden, die eine Verwandlung durchlaufen haben. Jedesmal, wenn das Volk Israel gefastet und Gott um Hilfe angefleht hatte, hat Er ihre Gebete erhört. Er reagierte, indem Er sie schützte, versorgte, führte und sie heilte.

Keiner von uns kann aus eigener Kraft auch nur eine einzige dieser Segnungen zur Verfügung stellen. Ganz gleich wieviel Geld oder Weisheit wir auch besitzen, wir werden jedesmal enttäuscht werden, wenn wir uns auf diese Dinge verlassen. Wenn wir jedoch auf Gott vertrauen, wird Er uns niemals im Stich lassen.

Er teilt Seine Geheimnisse mit denjenigen, die Ihn fürchten, und gibt ihnen Einsicht.

Es gab einmal eine Witwe, die Hanna hieß, und sie war schon sehr alt:

> *„...und sie war eine Witwe von vierundachtzig Jahren, die wich nicht vom Tempel und diente Nacht und Tag mit Fasten und Flehen. Und sie trat zur selben Stunde herzu, lobte Gott und redete von ihm zu allen, die auf die Erlösung Jerusalems warteten."*
>
> - Lukas 2, 37-38

Diese hochbetagte Frau, die betete und fastete, konnte klarer sehen als die Priester und die jungen Menschen in ihrer Umgebung. Als Jesus erst acht Tage alt war, erkannte sie bereits, daß Er der lang ersehnte Erlöser war. Die Pharisäer dagegen verstanden diese Tatsache noch nicht einmal, als Er schon 33 Jahre alt war und Dämonen austrieb. Doch diese alte Mutter des Glaubens erkannte Jesus durch den Geist, als Er noch in den Armen Seiner Mutter lag.

Hanna war eine echte Prophetin, die diejenigen ermutigte, die auf die Erlösung Jerusalems warteten und danach Ausschau hielten. Durch ihre Gebete und ihr Fasten hatte sie prophetische Einsicht bekommen.

Vielleicht bist du aus triftigen Gründen nicht in der Lage, auf Essen zu verzichten. Das kannst nur *du* entscheiden. Doch *jeder* kann auf *irgend etwas* verzichten. Das könnte Fernsehen, Telefongespräche, Zeitschriften, Sport, Einkaufen oder irgendein Hobby sein. Jeder von uns hat etwas, hinter dem er sich versteckt oder mit dem er seine Zeit verschwendet.

Ich fordere dich heraus, dich an unseren Vater zu wenden und Ihn zu bitten, Er möge dir durch die Kraft des Heiligen Geistes etwas in deinem Leben zeigen, dessen du dich im Rahmen eines Fastens enthalten könntest. Lies noch einmal die Liste der Wohltaten, die denjenigen zugesagt werden, die fasten. Oder noch besser, studiere zu diesem Thema das Wort selbst noch eingehender. Aus Platzmangel habe ich diesbezüglich nur einen Auszug aller Schriftstellen angeführt. Es gibt noch andere.

Jeder Gläubige sollte in regelmäßigen Abständen fasten. Es ist ein zurückziehen, um uns ausschließlich unserem Vater widmen zu können. Jesus gab uns äußerst wertvolle Informationen über das Fasten.

> *„Wenn ihr aber fastet, so seht nicht düster aus wie die Heuchler; denn sie verstellen ihre Gesichter, damit sie den Menschen als Fastende erscheinen. Wahrlich, ich sage euch, sie haben ihren Lohn dahin."*
>
> \- Matthäus 6, 16

Richtiges und falsches Fasten

Heuchler ist ein anderer Ausdruck für „Hochstapler". Ein Hochstapler ist „jemand, der anderen falsche Tatsachen hinsichtlich seines Charakters etc. vorspielt, um sie zu täuschen". Der Hochstapler oder Heuchler *gibt vor,* für den Herrn zu fasten, obwohl er in Wirklichkeit nur fastet, um von den Menschen gelobt oder geehrt zu werden. Der wahre Grund hinter einem solchen Fasten ist, vor den Menschen fromm erscheinen zu wollen, und der Lohn dafür ist menschliche Anerkennung. Solche Menschen werden von Gott nichts bekommen. Der Heuchler möchte vor den Menschen großartig dastehen. Doch wir müssen uns entscheiden, ob wir von Menschen oder von Gott belohnt werden möchten. Für ein religiöses

Fasten werden wir menschlichen Lohn empfangen, während das Fasten eines demütigen und veränderungsbereiten Menschen von Gott belohnt wird. Jesus fuhr fort:

> *„Wenn du aber fastest, so salbe dein Haupt und wasche dein Gesicht, damit du nicht den Menschen als ein Fastender erscheinst, sondern deinem Vater, der im Verborgenen ist; und dein Vater, der im Verborgenen sieht, wird dir vergelten."*
>
> - Matthäus 6, 17-18

Fasten ist keine Last, sondern ein Vorrecht. Es ist eine sehr vertrauliche und private Angelegenheit und entspringt der intimen Gemeinschaft mit Gott. An diesem verborgenen Ort wartet Er darauf, daß du zu Ihm kommst. Und nachdem du Ihn dort aufgesucht hast, wird Er dich öffentlich dafür belohnen. Wenn wir eine inwendige Veränderung durchgemacht haben, hat dies eine äußerlich sichtbare Salbung, göttlichen Segen und Versorgung zur Folge. Durch eine Veränderung deines innersten Wesens bist du bereit, vom Herrn befördert zu werden. Folgendes wird geschehen:

> *„Du bereitest vor mir einen Tisch angesichts meiner Feinde; du hast mein Haupt mit Öl gesalbt, mein Becher fließt über. Nur Güte und Gnade werden mir folgen alle Tage meines Lebens; und ich kehre zurück ins Haus des Herrn lebenslang."*
>
> - Psalm 23, 5-6

Hier wird beschrieben, was geschieht, wenn der Herr uns öffentlich belohnt. Wir können uns an Seiner Versorgung gütlich tun, und Er ist immer bei uns. Und daran können selbst unsere größten Feinde nichts ändern.

Welche Einstellung zum Fasten hattest du in der Vergangenheit?

___

___

___

Hattest du schon einmal das Bedürfnis, eine Diät zu machen?

___

___

Hast du schon einmal gefastet, um deinem Leben eine Wende zu geben oder um Antworten zu bekommen?

Hast du beim Lesen dieses Kapitels festgestellt, daß in dir der Wunsch aufgestiegen ist zu fasten?

Wenn dies der Fall ist, will dich der Heilige Geist meiner Meinung nach in eine tiefere Beziehung zu Gott hineinführen. Notiere dir einige Gründe zum Fasten oder einige Gebetsanliegen, für die du fasten könntest?

In welchen Bereichen deines Lebens könntest du das Prinzip des Fastens anwenden (z.B. Fernsehen, Illustrierte lesen, Telefonieren, usw.)?

Wenn du mit Gott etwas vereinbart hast, ist es wichtig, daß du dein Versprechen einlöst. Es ist besser, kein Gelübde abzulegen als leichtfertig sein Wort zu geben und es anschließend nicht zu halten. Denke erst eine gewisse Zeit nach und bete, bevor du ein Versprechen gibst. Wenn du weißt, was Gott dir offenbart hat, dann befasse dich noch einmal mit den Schriftstellen, die in diesem Kapitel im Hinblick auf das Fasten angeführt sind, und suche in deiner privaten Studienzeit selbst noch weitere Verse zu diesem Thema heraus. Nimm das Fasten ernst und vertraue darauf, daß dein Respekt und deine Ehrfurcht vor Gott dich behüten, während du in diese neue Phase des geistlichen Wachstums und der Erkenntnis eintrittst.

Fasten

Wir suchen nach etwas,

das wir noch nie gesehen haben,

und doch werden wir es erkennen,

wenn wir darauf stoßen.

11

„Ich hab's gefunden!"

„...und eine dreifache Schnur wird nicht so schnell zerrissen."

\- Prediger 4, 12b

Nachdem wir nun das Kapitel „Fasten" abgeschlossen haben, erreichen wir einen Dreh- und Angelpunkt. Wir werden den dunklen Pfad, was die Größe einer Frau *nicht ist,* verlassen und uns auf den hellen Weg der wahrhaftigen Maßstäbe Gottes begeben. Auf der Suche nach einer vollständigen Antwort haben wir bisher hier und da nachgeforscht, aber nur Teile gefunden. Alles, was wir bekommen haben, ist eine vage Vorahnung. Mit jeder neuen Offenbarung sind wir der Antwort, die wir suchen, ein Stück nähergerückt.

Wenn wir einen Gegenstand verloren haben, suchen wir zunächst an einer Stelle und dann an einer anderen. Es mag im ersten Moment entmutigend erscheinen, wenn wir den vermißten Gegenstand nicht sofort finden. Doch eigentlich wird mit jedem Mißerfolg die Zahl der noch vorhandenen Möglichkeiten verringert. Wir sagen vielleicht: „Ich habe schon im Schrank, in der Anrichte, in meinen Handtaschen und Jackentaschen gesucht, und dort habe ich es nicht gefunden! Es muß an irgendeinem Ort sein, an den ich noch nicht gedacht habe." Dann gehen wir in uns und brechen erst Mal unsere fieberhafte und manchmal panische Suche ab. Wir setzen uns oder knien uns nieder und sagen: „Gott, ich finde nicht, was ich suche. Heiliger Geist, bitte hilf mir auf die Sprünge und zeige mir, wo es ist."

„Gott hat zu mir gesprochen!"

Mein zweitältester Sohn Austin war vier Jahre alt, als wir ihm einige Legosteine schenkten, die ihm ganz allein gehören sollten. Zuvor hatte er die meisten seiner Spielsachen von seinem Bruder übernommen und sie mit ihm geteilt. Oder wenn er schon einmal selbst Legosteine bekommen hatte, hatte sein älterer Bruder schnell mit ihm verhandelt und ihn dazu überredet, sie zu einer gemeinsamen Spielesammlung beizusteuern. An seinem Geburtstag kauften wir Austin nun ein Lego-Set, das aus einem Polizisten mit Motorrad bestand und ausschließlich ihm gehören sollte.

Wir setzten uns mit ihm zusammen und erklärten ihm: „Diese Lego-Bausteine sind nur für dich. Sie sind nicht für Addison, und Alexander ist dafür noch zu jung. Sie gehören dir ganz allein!"

Austin strahlte über das ganze Gesicht, als er das neue Lego-Set in das Spielzimmer trug, um ihm dort einen Ehrenplatz zu geben.

Jedesmal, wenn jemand anderer die Lego-Bausteine nehmen wollte, erinnerten wir daran: „Die gehören Austin. Du darfst nur mit ihnen spielen, wenn er es dir erlaubt hat!"

Etwa einen Monat lang ging alles gut. Dann geschah es. Eines Morgens, als ich gerade unter der Dusche war, klopfte jemand aufgeregt gegen meine Tür. Vor mir stand Austin, mit rotem Gesicht und tränenüberströmt.

„Mama, ich kann mein Lego-Männchen nicht finden!"

Austins „Lego-Männchen" war ein etwa 5 cm großer Polizist, der ein Plastikmotorrad fuhr. Mein ältester Sohn war in der Schule, und Alexander war unten und machte ein Nickerchen. Ich erkannte sofort, daß mein Sohn außer sich war, doch da ich mit Duschen noch nicht fertig war, schlug ich vor: „Geh und schau auf der Kommode neben deinem Bett nach!"

Austins blonde Locken wippten auf und ab, als er herumwirbelte und durch die Badezimmertür verschwand. Mir war klar, daß er jetzt in Sachen „Operation Lego-Männchen" unterwegs war. Während ich mir die Haare wusch, betete ich leise vor mich hin: „Gott, hilf Austin, sein Lego-Männchen zu finden. Es bedeutet ihm so viel."

Obwohl ich gar nicht damit gerechnet hatte, antwortete Gott mir augenblicklich. (Ja, Er spricht wirklich oft in der Dusche zu mir.)

„Sag ihm, er soll sich niederknien und mich bitten, dann werde ich ihm zeigen, wo es ist."

Einige Sekunden später platzte Austin erneut ins Badezimmer.

„Mama, dort ist es nicht!" Sein kleines Gesicht spiegelte seine Verzweiflung wider.

Ich überlegte einen Moment lang, um ihm einen anderen außergewöhnlichen Platz vorzuschlagen, an dem er noch suchen konnte.

„Schau mal nach, ob es in den Kunststoffbaum unter dem Dachboden gefallen ist. Dort sind schon viele Spielsachen hineingefallen. Schüttle die Zweige; ich wette, dort ist es!", meinte ich zuversichtlich.

Sofort bemerkte ich, daß Gott mein Verhalten mißfiel. Ich argumentierte; *Aber Gott, Austin ist erst vier Jahre alt! Wenn ich ihm sage, daß du zu ihm sprechen wirst und du es dann nicht tust, wird er am Boden zerstört sein! Er würde es nicht verstehen.*

Mir war klar, daß ich Gott nicht überzeugt hatte. Deshalb schlug ich vor, *Wenn er wiederkommt und es nicht gefunden hat, dann werde ich ihm mitteilen, was du gesagt hast.*

Unbewußt fing ich an mich zu beeilen, in der Hoffnung, ich würde draußen sein, bevor Austin zurückkam. Dann würde ich ihm bei der Suche helfen. Als ich mich gerade abtrocknete, flog die Tür ein weiteres Mal auf. Austin war sehr enttäuscht, und er weinte.

„Es ist weg, Mami! Ich kann es nicht finden. Bitte hilf mir!"

Ich warf einen Blick auf sein süßes, unschuldiges Gesicht und seinen vertrauensvollen Blick. Er war davon überzeugt, daß er sein Lego-Männchen finden würde, wenn ich ihm nur dabei helfen würde.

Ich hatte die Chance, eine Heldin zu sein... oder ich konnte ihm das sagen, was der Heilige Geist mir aufgetragen hatte.

Ich senkte meine Stimme, um ihn zu beruhigen: „Austin, während ich im Badezimmer war, hat Gott mir gesagt, daß Er dir zeigen wird, wo dein Lego-Männchen ist, wenn du nach oben gehst, dich niederkniest und Ihn danach fragst."

Er wurde ruhiger und machte sich mit ernstem Gesicht auf den Weg zum Dachboden. In meinem Herzen machte sich Panik breit: *Was ist, wenn Er es nicht tut? Was, wenn ich mir alles nur eingebildet und in Wirklichkeit gar nicht von Gott gehört habe? Dann habe ich größere Schwierigkeiten als nur ein verlorenes Lego-Männchen!* Als ich noch einmal betete, fragte mich der Heilige Geist: „Wessen Kind ist das?"

Ich hatte immer behauptet, daß meine Kinder nicht mir, sondern Gott gehörten; und nun wurden meine Worte auf die Probe gestellt.

„Er gehört dir", antwortete ich.

Wenige Augenblicke später hörte ich über mir, wie Austin hüpfte und jubelte. Dann hörte ich eilige und laute Schritte, als er die Treppe herunterstürmte. Und schon stand Austin in meinem Zimmer, sein Lego-Männchen fest umklammert! Er sprang auf und ab vor Freude und rief: „Gott hat mit mir geredet! Gott hat mit mir geredet!"

Vor lauter Freude, daß Gott zu ihm geredet hatte, vergaß Austin fast sein wiedergefundenes Spielzeug! Wir umarmten uns und hüpften, bis er sich schließlich beruhigt hatte. In mein Handtuch gewickelt, kniete ich mich nieder und fragte: „Austin, erzähl mir, was passiert ist!"

„Ich bin nach oben gegangen, habe mich hingekniet und Gott gefragt - und Er hat mir gesagt, daß mein Lego-Männchen oben auf dem Bücherregal liegt", antwortete Austin ganz selbstverständlich. Es schien ihn zu überraschen, daß ich ihm diese Frage gestellt hatte, da er schließlich nur meine Anweisungen befolgt hatte.

Um sein Lego-Männchen vom Bücherregal herunterzuholen war mein vierjähriger Sohn aufs Sofa geklettert und hatte sich auf die Lehne gestellt. Nur ein Erwachsener hatte das Spielzeug oben auf das Bücherregal legen oder einer seiner Brüder hätte es dort hinwerfen können. Für Austin wäre es unmöglich gewesen, so hoch hinaufzukommen, ohne zu klettern.

„Wie hast du Gott gehört? Was hat Er gesagt?", bohrte ich nach.

Er neigte den Kopf und wiederholte: „Er hat in meinen Gedanken zu mir gesprochen und gesagt, `Es ist auf dem Bücherregal´." Daraufhin wurde er noch einmal so überwältigt von der Tatsache, daß Gott zu ihm gesprochen hatte, daß er wieder anfing zu hüpfen und zu singen: „Gott hat mit mir geredet! Gott hat mit mir geredet!"

Jedesmal, wenn er etwas sucht und es nicht finden kann, erinnere ich ihn an diesen Vorfall, und dann geht Austin beten. Es ist meistens nur eine Frage der Zeit, bis der verlorene Gegenstand wieder auftaucht, und eine weitere Gelegenheit für meinen Sohn, Gottes Führung in seinem Leben zu erkennen.

Eine dreifache Schnur

Wir suchen nicht nur einen Gegenstand, sondern nach einer Verschmelzung mit der Wahrheit. Wir halten Ausschau nach etwas, was wir noch nie gesehen haben, und doch werden wir es erkennen, wenn wir darauf stoßen. Ich glaube, daß die wahre Größe einer Frau bildlich gesprochen mit einer dreifachen Schnur vergleichbar ist.

„...und eine dreifache Schnur wird nicht so schnell zerrissen."
- Prediger 4, 12b

Diese dreifache Schnur symbolisiert eine in sich verwickelte und ineinander verflochtene, ausgewogene Einheit, die den Wert oder die Größe eines Menschen ausmacht. Die Zahl „drei" wird in der Bibel häufig verwendet, um eine göttliche Ausgeglichenheit auszudrücken. Wir haben bereits festgestellt, daß der erste Strang unserer Schnur *unser Glaube an Gott* ist. Bevor wir zum zweiten Strang übergehen, möchte ich, daß wir beten und wiederum Gottes Führung bei unserer Suche in Anspruch nehmen:

„Vater, bitte zeige mir die wahre Größe einer Frau...meine wahre Größe. Ich habe an vielen Stellen gesucht und habe sie dort nicht gefunden. Ich habe in der Vergangenheit danach gesucht, doch sie war erfüllt von Schmerzen und Freuden, die bereits vergangen sind. Ich habe mir alles angeschaut, was ich an materiellen Dingen besitze, doch sie sind ohne Leben und können meine Frage nicht beantworten. Ich habe meine Freunde und meine Familienangehörigen gefragt, doch sie waren selbst auf der Suche. Ich habe sie weder in meinem Beruf, noch in meinem Äußeren gefunden. Diese Dinge sind, was ich tue oder wie ich aussehe, aber nicht, was ich bin. Meine Größe kann nicht an meinem Familienstand gemessen werden, ob ich nun ledig, verheiratet, verwitwet oder geschieden bin.

Ich halte an dem Strang des Glaubens fest, und ich glaube, daß du bist und daß du meine eifrige Suche nach der Wahrheit belohnen wirst. Gib mir auf meinem weiteren Weg Augen, die sehen, und Ohren, die hören, und ein offenes, verständiges Herz. Amen.

Als ich anfing, das vorliegende Buch zu schreiben, war ich auf der Suche. *Ich wußte, daß ich nicht* der beste Maßstab für eine Frau war. *Ich wußte, was* die Größe einer Frau *nicht war.* Doch ich war mir nicht sicher und deshalb zögerte ich davor, den wahren Wert einer Frau zu bestimmen.

Gott gab mir die Gewißheit, daß Er ihn mir zeigen würde, während ich schreiben würde. Ich willigte ein und vertraute darauf, daß Gott mir die Antwort geben würde. Er fing damit an, daß Er meine Liste, was diese Größe nicht war, erweiterte. Nachfolgend findest du eine kurze Aufzählung. Obwohl sie nicht vollständig ist, enthält sie die Dinge, die mich am meisten betrafen. Manche sind offensichtlich; andere sind es nicht.

Im Hinblick auf deinen Wert spielt es keine Rolle, ...

- *was du tust* - Ehefrau, Mutter, Karriere
- *wen du kennst* - Freunde, Beziehungen
- *was du weißt* - Ausbildung und Intelligenz
- *was du erreicht hast* - Errungenschaften, deine Vergangenheit
- *was du anhast* - Haare, Kleidung, Image, Make-up
- *was du wiegst* - Körpergröße und Figur
- *was du besitzt (hast)* - Besitz, Haus, Autos
- *wo du gewesen bist* - Reisen und Erfahrungen
- *welchen Familienstand du hast* - verheiratet, ledig, verwitwet, geschieden
- *welche Hautfarbe du hast* - Rasse, Kultur, ethnische Abstammung
- *welchem Geschlecht du angehörst* - männlich oder weiblich

Das wahre Evangelium ist immer einfach und rein. Es geht über Kultur, Geschlecht, Einkommen, Alter und Zeit hinaus. Es ist die Wahrheit für jeden, der bereit ist, sie anzunehmen. Es war gestern wahr. Es ist heute wahr. Und es wird morgen immer noch wahr sein. Nur eine solche Wahrheit kann dich frei machen, denn Maßstäbe sind abhängig vom Alter, von der Gesundheit, vom Einkommen, vom Lebensstil und von Beziehungen.

Doch Gott würde den wahren Wert eines Menschen niemals anhand derart nichtiger Dinge messen. Er ist sowohl weise als auch vollkommen, deshalb ist Sein Maßstab für die Wahrheit die Waagschale der Ewigkeit, und deshalb hat Er durch eine dreifache Schnur für Ausgeglichenheit gesorgt. Den zweiten Strang werden wir in diesem Kapitel behandeln; den dritten im nächsten. Bitte lies folgende Verse so, als ob du sie noch nie gelesen hättest:

> *„Wenn ich in den Sprachen der Menschen und der Engel rede, aber keine Liebe habe, so bin ich ein tönendes Erz geworden oder eine schallende Zimbel. Und wenn ich Weissagung habe und alle Geheimnisse und alle Erkenntnis weiß, und wenn ich allen Glauben ha-*

be, so daß ich Berge versetze, aber keine Liebe habe, so bin ich nichts. Und wenn ich alle meine Habe zur Speisung der Armen austeile, und wenn ich meinen Leib hingebe, damit ich verbrannt werde, aber keine Liebe habe, so nützt es mir nichts. Die Liebe ist langmütig, die Liebe ist gütig; sie neidet nicht; die Liebe tut nicht groß, sie bläht sich nicht auf, sie benimmt sich nicht unanständig, sie sucht nicht das Ihre, sie läßt sich nicht erbittern, sie rechnet Böses nicht zu, sie freut sich nicht über die Ungerechtigkeit, sondern sie freut sich mit der Wahrheit, sie erträgt alles, sie glaubt alles, sie hofft alles, sie erduldet alles. Die Liebe vergeht niemals; seien es aber Weissagungen, sie werden weggetan werden; seien es Sprachen, sie werden aufhören; sei es Erkenntnis, sie wird weggetan werden. Denn wir erkennen stückweise, und wir weissagen stückweise; wenn aber das Vollkommene kommt, wird das, was stückweise ist, weggetan werden. Als ich ein Kind war, redete ich wie ein Kind, dachte wie ein Kind, urteilte wie ein Kind; als ich ein Mann wurde, tat ich weg, was kindlich war. Denn wir sehen jetzt mittels eines Spiegels undeutlich, dann aber von Angesicht zu Angesicht. Jetzt erkenne ich stückweise, dann aber werde ich erkennen, gleich wie auch ich erkannt worden bin. Nun aber bleibt Glaube, Hoffnung, Liebe, diese drei; die größte aber von diesen ist die Liebe."

- 1. Korinther 13, 1-13

Der zweite Strang

Der zweite Strang, der die Größe einer Frau ausmacht, ist *ihre Liebe* zu Gott. Überfliege noch einmal den oben zitierten Text und beachte dabei, daß hier weder von der Liebe zwischen Mann und Frau noch von der Liebe der Eltern zu ihren Kindern die Rede ist. Diese Formen der Liebe werden nicht erwähnt, weil die Liebe, von der diese Verse sprechen, die natürliche Liebe innerhalb einer Familie übersteigt. *Wir werden nicht daran gemessen, wie sehr wir von anderen geliebt werden, sondern wie sehr wir lieben.*

Die Liebe, die hier beschrieben wird, ist die Liebe Gottes, die in unser Herz ausgegossen worden ist. Es ist diese Liebe, die uns ermutigt, diese schwache und unzureichende Widerspiegelung genauer zu betrachten und uns in den in uns wohnenden Christus zu verlieben - die Hoffnung der Herrlichkeit.

Die Widerspiegelung ist wegen unseres eigenen Antlitzes bedeckt und verzerrt, doch der Tag wird kommen, an dem wir Ihm *von Angesicht zu Angesicht* gegenüberstehen und Ihn *vollständig erkennen* werden, so wie wir *völlig* erkannt worden sind. Unsere Liebe zu Gott wird unsere Liebe zu Menschen und unsere Eigenliebe übertreffen.

Paulus beginnt mit der Aufzählung geistlicher Gaben und wunderbarer Heldentaten des Glaubens. Dann spricht er von großen persönlichen Opfern bis hin zum Tod. Er weist jedoch darauf hin, daß ohne die Liebe all diese Dinge nichts bedeuten. Sie sind wertlos. Gaben, Erkenntnis, Glaube, Werke und Opfer haben ohne die Liebe keine Bedeutung.

Dann geht Paulus auf die Merkmale und Eigenschaften der Liebe ein. Die Liste, die über Geduld, Freundlichkeit, Demut, Selbstlosigkeit bis hin zur Toleranz geht, erscheint farblos im Vergleich zu den unbeschreiblichen Glaubenstaten, die vorher beschrieben werden. Nun erklärt er durch den Heiligen Geist:

„Die Liebe vergeht niemals."

Alles vergeht, doch die Liebe bleibt. Liebe ist ewig. Gottes Liebe zu uns erlöscht niemals, sie verändert sich nie, sie ist unbeirrbar, sie vergeht niemals. Weil sie unendlich ist, ist sie unfehlbar. Die Fähigkeit, so zu lieben, ist in jeden von uns gelegt worden, denn wir werden aufgefordert...

> *„...»Du sollst den Herrn, deinen Gott, lieben mit deinem ganzen Herzen und mit deiner ganzen Seele und mit deinem ganzen Verstand.« Dies ist das größte und erste Gebot. Das zweite aber ist ihm gleich: »Du sollst deinen Nächsten lieben wie dich selbst.« An diesen zwei Geboten hängt das ganze Gesetz und die Propheten."*
>
> \- Matthäus 22, 37-40

Gott verlangt von uns nicht, Dinge zu tun, die möglich sind. Er fordert uns dazu auf, etwas zu tun, was wir ohne Ihn *unmöglich* schaffen können. Er hat uns nur zwei Gebote gegeben, und sie sind entsprechend ihrer Vorrangigkeit aufgezählt. Zuerst sollen wir Gott mit *ganzem* Herzen, mit *ganzer* Seele und mit *ganzem* Verstand und mit *all* unserer Kraft lieben. Nachdem wir uns mit allem Eifer an diese Aufgabe gemacht haben, werden wir fähig gemacht werden, unseren Nächsten und uns selbst zu lieben.

Lange Zeit haben wir es genau umgekehrt gemacht. Wir haben versucht, uns selbst zu lieben, damit wir unsere Nächsten lieben können. Wir haben versucht, unsere Nächsten zu lieben, obwohl wir uns selbst nicht gemocht haben. Doch Gott fordert uns dazu auf, Ihn zu lieben, um unsere Mitmenschen und uns selbst lieben zu können.

Wenn wir uns darauf konzentrieren, uns selbst zu lieben, werden wir unser Augenmerk auf *uns selbst* richten. *Eigenliebe* ist immer ein Werk des Fleisches, und sie bringt Frustration und ein Gefühl der Sinnlosigkeit mit sich. Wenn wir uns selbst betrachten, werden wir stets Fehler entdecken. Im Blick auf uns selbst werden wir auf Sünde, Enttäuschung und Unvollkommenheit stoßen. Wir können sowohl unsere Vergangenheit wie auch uns selbst erforschen und werden doch keine richtigen Antworten finden.

Wenn wir uns bemühen, andere zu lieben, machen wir sie zum Zentrum unserer Aufmerksamkeit. Es wird nicht lange dauern, bis wir auch an ihnen Makel und Unvollkommenheit entdecken. Menschen werden Fehler machen und uns enttäuschen. Sie werden ihr Wort brechen und uns ablehnen und hintergehen. Selbst wenn es mit all unseren Beziehungen gut läuft, können wir unseren Ehemann und unsere Kinder lieben und Gott dabei völlig vergessen!

Gott möchte, daß wir Ihn lieben.

> *„...Die Erkenntnis bläht auf, die Liebe aber erbaut. Wenn jemand meint, er habe etwas erkannt, so hat er noch nicht erkannt, wie man erkennen soll; wenn aber jemand Gott liebt, der ist von ihm erkannt."*
>
> \- 1. Korinther 8, 1-3

Laßt uns die letzte Aussage herausnehmen und laut sagen, damit wir sie genau hören:

Wenn eine Frau Gott liebt, ist sie von ihm erkannt.

Es ist unbeschreiblich wichtig, daß Gott uns kennt. Wenn Er uns nämlich nicht kennt, können wir nicht in Sein Königreich eintreten. Es gibt mehrere Stellen im Neuen Testament, in denen einzelne Personen aufgefordert werden: „Weiche von mir! Ich kenne dich nicht!" Sie kannten zwar *Ihn,* aber Er kannte *sie* nicht. Weil wir in das Ebenbild Seines Sohnes umgewandelt werden, wenn wir Gott lieben, erkennt Er uns als Seine Kinder an. Jeder Vater erkennt diejenigen, die zu seiner Familie gehören. Er erkennt es an der Gestalt, an den Gesichtszügen, weil sie ihm darin ähnlich sind. Gott weiß, daß wir Ihn ohne Seine Hilfe gar nicht lieben können, deshalb hat Er eine selbstlose Liebe in uns hineingelegt.

> *„Geliebte, laßt uns einander lieben, denn die Liebe ist aus Gott; und jeder, der liebt, ist aus Gott geboren und erkennt Gott."*
>
> \- 1. Johannes 4,7

Die Liebe kommt von Gott, sie entspringt nicht unseren Gefühlen, unseren Beziehungen oder den Umständen, in denen wir uns befinden. Sie ist eine göttliche Zuteilung unseres Vaters...

> *„Wir lieben, weil er uns zuerst geliebt hat."*
>
> \- 1. Johannes 4, 19

Wir können Ihn getrost lieben, weil es eine sichere Sache ist. Wir werden nicht zurückgewiesen werden. Seine Liebe wird weder erlöschen noch sich verändern. Sie ist grenzenlos. Wenn wir uns einen tieferen Einblick verschaffen, wird unsere Offenbarung über diese Liebe immer mehr zunehmen. Die Liebe Gottes macht uns frei von Angst.

> *„Furcht ist nicht in der Liebe, sondern die vollkommene Liebe treibt die Furcht aus, denn die Furcht hat Pein. Wer sich aber fürchtet, ist nicht vollendet in der Liebe."*
>
> \- 1. Johannes 4, 18

Wenn du Angst hast, ist der Grund dafür der, daß du versuchst, andere Menschen zu lieben, ohne selbst zuvor die Liebe Gottes erfahren zu haben. Du wirst immer versagen und erfolglos sein, wenn du zuerst versuchst, andere zu lieben, bevor du von ganzem Herzen nach der Liebe Gottes getrachtet hast. In der Liebe Gottes wirst du Seine Gnade und Vergebung finden, so daß du nun in Folge davon selbst gnädig sein und vergeben kannst. Du hast Seine Liebe entdeckt und kannst deshalb lieben.

Erinnerst du dich an die Zeit, als du gerade erst von neuem geboren warst? Du hast Gott so sehr geliebt, weil Er dir so viel vergeben hat. Es war damals leicht, andere zu lieben, und du mußtest dich dabei nicht einmal anstrengen, weil du von der Liebe Gottes so überwältigt warst.

Wir brauchen Seine Barmherzigkeit heute noch genauso sehr wie damals. Eigentlich sollte unsere Liebe zu Ihm stärker geworden sein, weil wir Ihn inzwischen noch besser kennen.

Doch oftmals verlieren wir Gott aus den Augen und schauen wieder auf uns selbst oder auf unsere Brüder und Schwestern. Unsere Vision verblaßt, und unsere Liebe erkaltet. Unsere Gedanken drehen sich nur noch darum, daß wir es nicht geschafft haben zu lieben, statt um die Quelle, der die Liebe entspringt. Es ist höchste Zeit, daß wir uns wieder in Ihn verlieben. Wir haben irrtümlicherweise den Versuch unternommen, andere zu lieben, um unsere Liebe zu Ihm unter Beweis zu stellen. Wir müssen Ihn darum bitten, unsere Liebe zu Ihm zu erneuern. Wir müssen Ihn bitten:

> *„Leg mich wie ein Siegel an dein Herz, wie ein Siegel an deinen Arm! Denn stark wie der Tod ist die Liebe... Ihre Gluten sind Feuergluten, eine Flamme Jahs."*
>
> \- Hohelied 8, 6

Wir haben uns verhalten wie untreue Ehefrauen, die andere geliebt und ihre erste Liebe vergessen haben. Wir haben unsere ganze Mühe, unsere Zuneigung und Stärke an unseren „Ehemann" Religion verschwendet und unsere Jugendliebe vergessen. Einige spüren Seine Liebe gar nicht mehr, doch Er hat uns versprochen:

> *„Im aufwallenden Zorn habe ich einen Augenblick mein Angesicht vor dir verborgen, aber mit ewiger Gnade werde ich mich über dich erbarmen, spricht der Herr, dein Erlöser."*
>
> \- Jesaja 54, 8

Der erste Teil, der die wahre Größe einer Frau ausmacht, ist ihr Glaube an Gott. Der zweite ist ihre Liebe zu Ihm. Seine Liebe bleibt ewig bestehen, selbst wenn wir untreu sind. Sie ist ein Maßstab, an dem Er uns mißt. Bevor wir weitergehen, wollen wir Gott bitten, eine brennende und leidenschaftliche Liebe zu Ihm in uns zu entzünden.

Doch zuvor wollen wir einige Fragen beantworten:

Ertappst du dich dabei, wie du dich bemühst zu lieben, ohne zuvor Gottes Liebe empfangen zu haben?

Hast du versucht, deinen Nächsten zu lieben, bevor du Gott von ganzem Herzen, von ganzer Seele und mit deiner ganzen Kraft und Stärke lieben konntest?

Zählst du am Ende des Tages deine Fehler mit der Befürchtung, daß Gott dich abweist?

Kennst du den Unterschied zwischen einer Braut und einer Ehefrau?

Würdest du dich im Hinblick auf deine Beziehung zu Gott eher mit einer Ehefrau oder mit einer Braut vergleichen?

Kannst du dich noch an diese erste Liebe erinnern und daran, wie sie dich gestärkt hat?

Bist du bereit, wieder zu dieser Reinheit und Schlichtheit zurückzukehren?

Bitte bete mit mir:

Liebster Vater, ich bitte dich, gieße deine Liebe in mich aus. Ich liebe dich, weil du mich zuerst geliebt hast. Schenke mir neu die überwältigende Offenbarung deiner Liebe, Barmherzigkeit und Vergebung. Tauche mich in die Reinheit und das pulsierende Leben deiner Liebe ein. Ich richte mein Herz wieder auf meine erste Liebe und wende mich von all den anderen, die mich nicht erfüllen können, ab und verleugne sie. Vergib mir meine Untreue und ziehe mich zu dir. Verändere mich durch deine Liebe, bis du dich in deiner ganzen Herrlichkeit in mir widerspiegelst. Amen.

„Ich hab's gefunden!"

Die edle Frau hat das Geheimnis

der Schönheit entdeckt, die von innen hervorstrahlt.

Ihre innere Reinheit erzeugt

ein äußerlich sichtbares Leuchten.

Sie erlaubt, daß das Maß ihres Glaubens

sowohl die Liebe Gottes

als auch die Furcht des Herrn

in ihrem Leben hervorbringt.

12

Der dritte Strang

„Viele Töchter haben sich als tüchtig erwiesen, du aber übertriffst sie alle! Trügerisch ist Anmut und nichtig die Schönheit; eine Frau aber, die den Herrn fürchtet, die soll man rühmen. Gebt ihr von der Frucht ihrer Hände, und in den Toren sollen ihre Werke gerühmt werden!"

- Sprüche 31, 29-31

Der dritte Strang ist die anbetende *Ehrfurcht vor dem Herrn*. Im vorherigen Kapitel haben wir davon gesprochen, daß Gott uns an der Liebe zu Ihm erkennt. In diesem Kapitel werden wir die Bedeutung der Ehrfurcht näher betrachten. Dieser wesentliche Bestandteil wird in Sprüche 31, 29-31 in den Blickpunkt gerückt:

> *„Viele Töchter haben sich als tüchtig erwiesen, du aber übertriffst sie alle! Trügerisch ist Anmut und nichtig die Schönheit; eine Frau aber, die den Herrn fürchtet, die soll man rühmen. Gebt ihr von der Frucht ihrer Hände, und in den Toren sollen ihre Werke gerühmt werden!"*

Dieser Wert ist wiederum für jeden zugänglich, „der will". Es ist eine weitere göttliche Qualität, die gleichermaßen für jeden zugänglich ist. Sie ist weder abhängig von Intelligenz, noch von Begabung, Aussehen, Fähigkeit und Alter. Und sie hat nichts mit Lernen, Erfahrung, Wissen, Reichtum, Armut, sozialem Status, Beruf, Besitz, Familienstand, Kindern, Beziehungen, Wohnort, Kleidergröße, Körpergröße, Gewicht, Haut- oder Haarfarbe zu tun. Sie reicht über unsere Fehler und Erfolge in der Vergangenheit hinaus. Sie überragt jede leitende Position und ist stärker als jede Salbung in unserem Leben.

Eine Frau, die den Herrn fürchtet, wird man loben. Ihre Ehrfurcht wird ihr einen ewigen Lohn einbringen. Ihre Taten werden stadtweite Kreise ziehen.Die Furcht des Herrn ist der letzte Strang, der alle anderen Stränge zusammenhält und miteinander verknüpft. Bevor wir uns eingehender damit befassen, was die Furcht des Herrn eigentlich ist, wollen wir unser Beispiel noch einmal genauer betrachten.

Die „Sprüche-Frau"

Wer war denn diese tugendhafte Frau eigentlich, die in Sprüche 31 beschrieben wird? Die meisten Gelehrten stimmen darin überein, daß es sich hier um Batseba handelt. Ich glaube, daß Gott sich aus mehreren Gründen für Batseba entschieden hat. Erstens, weil sie eine Frau mit Vergangenheit war.

Batseba war von König David zu sich gerufen worden, nachdem dieser sie beim Baden beobachtet hatte. Es war nicht ihre Absicht gewesen, David zu verführen. Er entdeckte sie, als er auf dem Dach seines Palastes spazierenging, als sie gerade dabei war, ihr Reinigungsritual nach ihrer Menstruation zu vollziehen.

> *„Und es geschah zur Abendzeit, daß David von seinem Lager aufstand und sich auf dem Dach des Königshauses erging. Da sah er vom Dach aus eine Frau baden. Die Frau aber war von sehr schönem Aussehen... Sie hatte sich aber gerade gereinigt von ihrer Unreinheit."*
>
> \- 2. Samuel 11, 2-4

Wir können uns das kulturelle Leben zur biblischen Zeit nur schwer vorstellen. Vor Batsebas Tür erschienen daraufhin einige Boten, die sie zum König brachten. Wenn man zum König gerufen wurde, gab es keinen Widerspruch. David schlief mit Batseba und schickte sie dann wieder weg. Nun mußte sie ganz allein mit der Schuld, die wegen ihres Ehebruchs auf ihr lastete, fertigwerden. Einige Wochen später wachte sie eines Morgens auf, ihr war übel und sie war müde. Sie mußte feststellen, daß sie schwanger war. Alleingelassen mit ihrer Angst, ließ sie dem König die Nachricht überbringen, daß sie ein Kind von ihm erwartete.

David versuchte daraufhin, ihren Ehemann Uria zu manipulieren, mit Batseba zu schlafen, um seine eigene Schuld zu bedecken und Uria glauben zu machen, er habe seine Frau geschwängert. Doch

Uria war seinem König gegenüber so loyal, daß er sich das Vergnügen, zu Hause bei seiner Frau zu bleiben, während der Rest von Davids Armee draußen auf dem Schlachtfeld war, nicht gönnte. Deshalb arrangierte David, daß Uria umgebracht wurde.

Batseba war eine Frau, die mit Schmerzen vertraut war. Vergiß die Hollywood-Version von dieser Geschichte! Im 2. Samuel 11, 26 heißt es eindeutig: *„Und als Urias Frau hörte, daß Uria, ihr Mann, tot war, hielt sie die Totenklage um ihren Gatten."* Es wird dagegen nirgendwo gesagt, daß Abigajil den Tod ihres Mannes betrauert hatte. Abigajil war begeistert darüber, daß sie frei war, und sie kam sofort zu David. Anders dagegen ist der Bericht darüber, wie Batseba Davids Frau wurde.

> *„Als aber die Trauerzeit vorüber war, sandte David hin und nahm sie in sein Haus auf. Und sie wurde seine Frau und gebar ihm einen Sohn."*
>
> - 2. Samuel 11, 27

Batseba hatte schon viele Dinge durchgestanden. Über ihre Gefühle in dieser Situation erfahren wir nahezu nichts. Sie wurde Davids Frau und gebar ihm ein Kind. Doch beachte, über wen Gott verärgert war:

> *„In den Augen des Herrn aber war die Sache böse, die David getan hatte."*
>
> - 2. Samuel 11, 27

Es wird an keiner Stelle gesagt, daß Batseba in irgendeiner Form mitschuldig war. Seit dem Tod ihres ersten Mannes war noch kein Jahr vergangen, als Batsebas erstgeborener Sohn krank wurde und durch die Hand des Herrn starb (2. Samuel 12, 15). Stell dir vor, was das für ein Leben für sie gewesen sein mußte!

Batseba mußte David mit seinen anderen Frauen teilen, die sicherlich eifersüchtig auf sie waren. Wenn sie durch die privaten Flure des Palastes ging, wurde gewiß verächtlich über sie geredet und geklatscht. Und wegen der Sünde, die David begangen hatte, starb schließlich auch noch ihr geliebtes Kind, das ihr einziger Trost gewesen war.

Nach dem Tod dieses Kindes tröstete David Batseba, und sie wurde schwanger mit Salomo. Der Herr liebte Salomo von seiner Geburt an, und Er bestätigte Seine Liebe zu diesem zarten Leben durch den Mund desselben Propheten, der das Wort gesprochen hatte, das zum Tod von Batsebas erstem Sohn führte. Durch Salomo vertrieb Gott den Schatten, der über Batseba und ihrer Ehe lag. Auf diese Weise wollte Gott Batseba Seine Liebe zeigen und sie darauf vorbereiten, daß Er sie wiederherstellen würde.

Batseba ist ein Beispiel für all jene Frauen, die mit Schmerzen vertraut sind und die unmoralisch behandelt, mißbraucht, abgelehnt und verleumdet worden sind. Sie erhob sich über all diese Dinge und behielt ihren Glauben an Gott, ihre Liebe zu Ihm und ließ nicht von der Furcht des Herrn ab. Sie hätte auch völlig anders auf diese Verletzungen reagieren können.

Weil ihr erster Sohn gestorben war, hätte sie David - und Gott - ablehnen können. Sie hätte sich weigern können, David zu vergeben. Unter den leidvollsten Umständen hatte sie sich von ihrem Glauben, von ihrer Liebe und ihrer Gottesfurcht leiten lassen und die weitere Richtung ihres Lebens danach ausgerichtet. Ganz anders verhielt sich dagegen die Frau des Königs, Michal, die David in schwierigen Zeiten verachtet hatte. Gott segnete und ehrte Batsebas Herzenseinstellung. *Gott inspirierte den weisesten aller Könige, sie als die edelste von allen Frauen zu bezeichnen.*

Das ist ein Beispiel für die Kraft des Evangeliums, an das wir glauben. Es verwandelt Frauen mit Vergangenheit in tugendhafte Frauen mit einer gesegneten Zukunft. Aus Ehebrecherinnen macht es edle Königinnen. Batsebas Rechtschaffenheit siegte über jegliche Verleumdung ihres Namens in der Vergangenheit.

Man muß nicht unbedingt aus einer adligen Familie stammen, um edel zu sein. Die zahlreichen Skandale, in die viele Adlige heutzutage verwickelt sind, bestätigen diese Tatsache. Eine Person kann aus dem Geschlecht einer Königsfamilie stammen und trotzdem ein Narr bleiben. Es kann auch jemand ein Prinz sein, ohne sich jemals wie ein solcher zu verhalten.

Einige Definitionen des Wortes *edel* sind: aristokratisch, würdig, tugendhaft, tapfer, sanft, großzügig, außergewöhnlich, bewundernswert, würdevoll, bemerkenswert. Das Wort „edel" läßt nicht unbedingt an Geburtsrecht, sondern vielmehr an ein rechtschaffenes Leben denken. Edelmütig kann sowohl ein König als auch ein Bauer sein; mit dieser Eigenschaft können sich Reiche wie Arme, Mann wie Frau schmücken. Alles, was dazu erforderlich ist, ist Mut und das Herz eines Dieners.

Vertiefen wir uns einmal in den Charakter dieser edlen Frau Batseba, indem wir die erweiterte Bibelübersetzung aus dem Englischen hinzuziehen:

> *„Viele Töchter haben... edelmütig und gut gehandelt... aber du überragst sie alle."*
>
> - Sprüche 31, 29 (aus der Amplified Bible übersetzt)

Diese Aussage erhebt Batseba über alle anderen Frauen, die sich edelmütig verhalten und Gutes getan haben. Im Hinblick auf ihren Edelmut und ihre Gottesfurcht hatte sie alle ihre Zeitgenossinnen und Vorgängerinnen in den Schatten gestellt. Sie war keine militärische Führerin und keine in der Öffentlichkeit bekannte Person; sie war Hausfrau, Mutter, Ehefrau und eine Lehrerin des Guten. Doch wegen ihres gottesfürchtigen Lebens im Privatbereich überragte sie...

- *Mirjam*: Prophetische Lobpreisleiterin (2. Mose 15, 20-21)
- *Debora:* Führerin und militärische Strategin (Richter 4, 4-10)
- *Hulda:* Prophetin (2. Könige 22,14)
- *Rut:* Treuergebene Frau (Rut 1, 16)
- *Hanna:* Ideale Ehefrau und Mutter (1. Samuel 1, 20; 2, 19)
- *Die Schunemiterin*: Liebenswürdige Gastgeberin (2. Könige 4, 8-10)
- *Königin Ester:* Riskierte ihr Leben (Ester 4, 16)

- *Abigajil:* Intelligent und schön (1. Samuel 25, 3)

- *Königin von Saba:* Königlich und edel (1. Könige 10)

Viele von uns werden niemals eine so einflußreiche Position erreichen. Und doch können wir uns in unserem Privatleben, in den eigenen vier Wänden, Edelmut und Tapferkeit aneignen. Gott erhöht Seine Töchter, die die Furcht des Herrn in ihrem Leben entwickelt haben.

Sieben Tugenden

In der Beschreibung, die uns in Sprüche 31 geliefert wird, weist Batsebas Leben alle sieben christlichen Charakterstärken auf, die wir später in 2. Petr. 1, 5-7 finden:

- *Tugend*
- *Erkenntnis*
- *Enthaltsamkeit*
- *Ausharren*
- *Gottseligkeit*
- *Bruderliebe*
- *Liebe*

Bevor ich die Parallele zog, daß diese Frau, die Salomo schildert, seine Mutter Batseba war, dachte ich mir, wenn ich die Beschreibung dieser geheimnisvollen und vollkommenen Frau las: *Na gut, ich wäre auch perfekt, wenn ich einen solchen Lebenswandel führen könnte... Mägde und Diener, die mir helfen... einen einflußreichen Ehemann... so viel eigenes Taschengeld, daß ich mir Grundstücke als Geldanlage kaufen kann... Kleider aus Leinen und Purpur. Wenn ich all das hätte, wäre ich auch sehr selbstbewußt und könnte mich edelmütig verhalten!* Und damit wandte ich mich von diesem Vorbild der Tugendhaftigkeit ab und erklärte es für unerreichbar und veraltet.

Doch es war nicht Batsebas Auftreten oder ihr Lebensstil, der sie edel machte. Es war ihr Herz. Edelmut ist nicht eine Sache des Geldes. Um diese Aussage zu beweisen, wollen wir eine andere königliche Schönheit betrachten. Sie ging völlig anders mit ihrer Schönheit und ihrer hervorragenden Versorgung um. Ihre Beschreibung finden wir in Hesekiel 16, 9-14:

> *„Ich wusch dich mit Wasser und spülte dein Blut von dir ab und salbte dich mit Öl. Und ich bekleidete dich mit Buntwirkerei und beschuhte dich mit Delphinhäuten, ich umwand dich mit Byssus und bedeckte dich mit Seide. Und ich schmückte dich mit Schmuck: ich legte Spangen um deine Handgelenke und eine Kette um deinen Hals, und ich legte einen Reif an deine Nase und Ringe an deine Ohren und setzte eine prachtvolle Krone auf deinen Kopf. So legtest du goldenen und silbernen Schmuck an, und deine Kleidung bestand aus Byssus, Seide und Buntwirkerei. Du aßest Weizengrieß und Honig und Öl. Und du warst sehr, sehr schön und warst des Königtums würdig. Und dein Ruf ging aus unter die Nationen wegen deiner Schönheit; denn sie war vollkommen durch meinen Glanz, den ich auf dich gelegt hatte, spricht der Herr, Herr."*

- Hesekiel 16, 9-14

Sie war schön und in feinste Leinenstoffe gekleidet. Sie aß die erlesensten Speisen, wie die Frau in Sprüche 31. Sie hatte den teuersten Schmuck angelegt bekommen. Wie es auch bei Batseba der Fall war, hatte sie es ihrer Schönheit zu verdanken, daß sie Königin geworden war. Zusätzlich zu ihrer Schönheit hatte Gott sie in königlichen Glanz gehüllt, um ihre Schönheit vollkommen zu machen.

> *„Aber du vertrautest auf deine Schönheit, und du hurtest auf deinen Ruf hin und gossest deine Hurereien aus über jeden, der vorbeikam: Ihm wurde sie zuteil."*

- Hesekiel 16, 15

Beide fingen mit einem reinigenden Bad an. Jede der beiden Frauen wurde beobachtet, als sie nackt war. Beide bekamen später Kleider aus feinstem Leinen. Beide waren schön, und jede war eine

Königin. Beide genossen die besten Speisen. Beide hatten Kinder aus königlichem Geschlecht. Jede der beiden war mit einem König verheiratet. Beide standen in Gottes Gunst. Doch an dieser Stelle enden ihre Gemeinsamkeiten!

Die treulose Ehefrau vertraut auf ihre Schönheit (Hes. 16, 15), während die edle ihr Vertrauen auf den Herrn setzt (Spr. 31, 30). Obwohl ihre Blöße bedeckt worden ist, stellt die treulose Frau ihre Nacktheit wieder zur Schau (Hes. 16, 36); die edle Frau dagegen bleibt verhüllt und kleidet auch den Rest ihrer Familie in Karmesinstoffe (Spr. 31, 21). Die treulose Frau verwendet die Nahrung, die der Herr ihr und ihren Kindern gibt, um damit Götzendienst und Hurerei zu betreiben (Hes. 16, 20). Doch die tugendhafte Frau ist klug und versorgt ihren ganzen Haushalt mit Nahrung (Spr. 31, 15), und darüber hinaus hat sie sogar den Armen und Notleidenden noch etwas zu geben (Spr. 31, 20).

Um ihres eigenen Vorteils willen und aus Bequemlichkeit war sie sogar bereit ihre eigenen Kinder zu töten und zu opfern (Hes. 16, 21). Die tugendhafte Frau ist treu und belehrt ihre Kinder. Ihre Kinder segnen sie, während das Blut ihrer Kinder die böse Frau anklagt. Die boshafte Frau verpraßt die Versorgung für ihre Familie für ihre Hurerei und ihre sexuellen Beziehungen mit ständig wechselnden Partnern (Hes. 16, 26 u. 34). Die edle Frau überwacht sorgfältig die Vorgänge in ihrem Haus (Spr. 31, 27) und investiert weise. Ihr Mann vertraut ihr in allen Dingen vollständig, denn er weiß, daß sie ihm nur Gutes erweist (Spr. 31, 11-12). Zwischen der Ehebrecherin und ihrem Mann gibt es kein Vertrauen, sondern nur Betrug.

Die böse, treulose Frau hat nichts, auf das sie sich freuen kann. Alles, was sie erwartet, ist ein unabwendbares und schreckliches Gericht, deshalb lebt sie nur für den Augenblick (Hes. 16, 38-41). Die tugendhafte Frau kann den Tagen, die vor ihr liegen, mit Freude entgegensehen. Sie hat weder Angst noch irgendwelche Befürchtungen, und sie macht sich keine Sorgen (Spr. 31, 25). Sie ist bereits in ihrem Leben auf der Erde gesegnet, und zudem wird sie einen ewigen Lohn empfangen (Spr. 31, 29-31).

Frauen, die auf ihre Schönheit setzen und die Versorgung des Herrn benutzen, um zu verführen und sich zu vergnügen, werden eines Tages feststellen - wenn ihre Schönheit mit zunehmendem Alter verblaßt -, daß sich ihre früheren Liebhaber von ihnen abwenden. Alles Fleisch ist dem Prozeß der Alterung unterworfen und verdirbt eines Tages. Die Schönheit einer Prostituierten ist nur von kurzer Dauer und ihre Züge verhärten sich mit zunehmendem Alter. Die treulose Frau lebt nur für den Augenblick, denn ihr mangelt es an der zügelnden Furcht des Herrn.

In Hesekiel 16, 49-50 macht Gott ein weiteres Mal deutlich, daß Er eine solche Einstellung ablehnt:

> *„Siehe, das war die Schuld deiner Schwester Sodom: Hoffart, Fülle von Brot und sorglose Ruhe hatte sie mit ihren Töchtern, aber die Hand des Elenden und des Armen stärkte sie nicht; und sie wurden hochmütig und verübten Greuel vor meinem Angesicht. Und ich tat sie hinweg, sobald ich es sah.“*

Die Einwohner Sodoms waren arrogant, übersättigt und gleichgültig. Ihre Sünden waren Stolz, sexuelle Begierde und Apathie. Sie kümmerten sich nicht um die Armen und Notleidenden. Da sie egozentrisch und hochmütig waren, war auch ihr ganzer Lebensstil abscheulich. Gott verurteilte die Bewohner Sodoms nicht hauptsächlich wegen ihrer Homosexualität, denn dies war nur ein Symptom ihrer grundsätzlichen Herzenseinstellung. Da sie in ihrem Herzen stolz und böse waren, glitten sie in Perversion ab. Gott sah die inneren Beweggründe hinter ihrem perversen sexuellen Lebensstil. Sie waren von dem Überfluß an Luxusgütern geblendet, die sie sich angehäuft hatten, und erfreuten sich an ihrer eigenen Schönheit und ihren Errungenschaften. In diesem Fall führte die innere Verderbtheit zur äußerlichen Zerstörung.

Das Geheimnis wahrer Schönheit

Die tugendhafte Frau ist auf das Geheimnis wahrer Schönheit, die von innen kommt, gestoßen. Ihre innere Reinheit bringt einen äußerlich sichtbaren Glanz hervor. Durch ihr Maß des Glaubens entwickelt sie sowohl die Liebe Gottes als auch Gottesfurcht in ihrem Leben.

Um Salomo in der Furcht des Herrn erziehen zu können, mußte zunächst Batsebas eigenes Leben von Gottesfurcht durchdrungen sein. Ich bin davon überzeugt, daß der Verlust ihres Kindes, das durch die Hand Gottes gestorben war, in ihr schon eine göttliche Ehrfurcht erzeugt hatte. Statt sich feige zurückzuziehen bewegte sie diese heilige Furcht dazu, Gottes Nähe zu suchen. Obwohl in jener Zeit die Frauen nicht in der Schrift unterrichtet wurden, gelang es Batseba, sich Zugang zu den Anweisungen und der Weisheit Gottes zu verschaffen. Sie widmete sich der Aufgabe, ihren Sohn, der eines Tages die Thronfolge Davids antreten sollte, zum Glauben an Gott zu erziehen.

Immer wieder klingt in den Sprüchen Salomos die Weisheit seiner Mutter Batseba durch. Er schreibt über sie: *„Ihren Mund öffnet sie mit Weisheit, und freundliche Weisung ist auf ihrer Zunge."* (Spr. 31, 26). Sie gab Salomo ständig Anweisungen, wie er die Furcht des Herrn in der Praxis umsetzen konnte. Sie ermutigte ihn, sich danach auszustrecken.

> *„Mein Sohn, wenn du meine Reden annimmst und meine Gebote bei dir verwahrst, indem du der Weisheit dein Ohr leihst, dein Herz dem Verständnis zuwendest, ja, wenn du den Verstand anrufst, zum Verständnis erhebst deine Stimme, wenn du es suchst wie Silber und wie Schätzen ihm nachspürst, dann wirst du verstehen die Furcht des Herrn und die Erkenntnis Gottes gewinnen. Denn der Herr gibt Weisheit. Aus seinem Mund kommen Erkenntnis und Verständnis."*
>
> \- Sprüche 2, 1-6

Diese Weisheit war Salomo so in Fleisch und Blut übergegangen, daß er schon wußte, was er wollte, bevor Gott ihn danach fragte. Seine Eltern hatten ein solch verzehrendes Verlangen nach Weisheit und der Furcht des Herrn in ihm geweckt, daß jede Faser seines Wesens danach dürstete. Er trug den von Herzen kommenden Wunsch seiner Eltern in sich, Gottes Weisheit zu erkennen und göttliche Ehrfurcht zu verstehen. Er wußte von dem Bruder, der vor ihm dagewesen war. Er hatte gehört, daß der Herr ihn liebte und ihn dazu auserwählt hatte, ein Prinz unter Prinzen zu sein. Er wußte, daß nur die Weisheit ihn erhalten und ihn durch seine Regentschaft führen konnte.

Die Weisheit steht über allem

Sein ganzes Leben lang jagte Salomo der Weisheit nach. Doch obwohl er so weise war, wich er hinsichtlich seiner ausländischen Frauen von Gottes Geboten ab. Sie lenkten sein Herz vom Herrn ab, so daß er Gott nicht mehr mit ganzem Herzen nachfolgte.

Nachdem er 40 Jahre lang erfolgreich regiert hatte, zog Salomo Bilanz über sein Leben, und dabei kam er nach seiner langen Suche zu folgendem Schluß:

> *„Das Endergebnis des Ganzen laßt uns hören: Fürchte Gott und halte seine Gebote! Denn das soll jeder Mensch tun. Denn Gott wird jedes Werk, es sei gut oder böse, in ein Gericht über alles Verborgene bringen."*
>
> \- Prediger 12, 13-14

Am Ende seines Lebens kehrt er zur Weisheit zurück, die ihn seine Eltern gelehrt hatten. Er ermutigt diejenigen, die seine Worte lesen, zunächst Gott zu fürchten und zweitens Seine Gebote zu halten. Warum? Weil der Tag kommen wird, wo jeder von uns vor dem mächtigsten König stehen und zusehen muß, wie Er über alle unsere Worte und Taten richten wird. Salomo stand kurz davor, vor diesen Richterstuhl zu treten, und ihm wurde mit aller Dringlichkeit bewußt, welche Dinge es wirklich wert waren, daß er ihnen seine Zeit und seine Aufmerksamkeit widmete.

Als weisester von allen Männern wußte er, was wirklich wertvoll war. Er hatte den ewigen und echten Maßstab Gottes erkannt. Gott ist letztendlich der oberste Richter, der die wahre Größe einer Frau bestimmt. Er ist nur an dem interessiert, was übrig bleibt, nachdem das Feuer der Wahrheit allen Unrat und alle Nichtigkeit verbrannt hat.

Unsere sexuellen, sinnlichen und kulturellen Bewertungen einer Frau werden von Seiner Heiligkeit verzehrt werden. Unsere selbstgerechten, religiösen Vorstellungen werden unter dem Druck Seines Gerichts zusammenbrechen. Unsere fleischlichen Werke und bedeutungslosen Aktivitäten werden im Licht Seiner ewigen Bestimmung nichtig und sinnlos erscheinen. Wie können wir einem solchen Gericht standhalten?

Wir können es nicht, und deshalb beschützt uns Gott.

Die Funktion der dreifachen Schnur

Das Maß des Glaubens läßt in uns das Vertrauen entstehen, daß Gott gerecht ist und daß Er gut ist. Wir werden das Evangelium dankbar aufnehmen und uns in Christus bergen. Dadurch geht Seine Gerechtigkeit auf uns über. Wir werden nicht auf uns selbst oder unsere eigene Gerechtigkeit vertrauen. Indem wir uns selbst verleugnen, vertrauen wir völlig auf das Kreuz.

Das Maß der Liebe wird uns näher zu Gott ziehen. Und während wir Ihn betrachten, werden wir in Sein Ebenbild umgewandelt.

Die Furcht des Herrn wird uns daran hindern, auf unseren früheren Weg zurückzukehren, der ins Verderben führt. Sie behütet uns und reinigt uns von aller Unreinheit. Göttliche Ehrfurcht erzeugt eine rettende Erkenntnis des Herrn in uns. Es ist das Licht, das uns anzieht, während Seine Liebe uns Sicherheit gibt und Sein Glaube uns stärkt.

Die drei Stränge des Glaubens, der Liebe und der Furcht des Herrn - wenn sie fest ineinander verwoben und miteinander verflochten sind - geben uns einen festen und sicheren Halt. Sie stellen die drei Kriterien dar, anhand derer Gott die Beweggründe unseres Herzens beurteilt. Dieser Standard gilt nicht nur für Frauen, sondern für alle, die das Erlösungswerk am Kreuz für sich in Anspruch nehmen.

Da wir die Furcht des Herrn kennen, was sollten wir da für eine Art von Frauen sein? Wir sollten edle Frauen sein, da wir in ein königliches und priesterliches Geschlecht hineingeboren worden sind.

Wir müssen die weltlichen Kleidungsstücke ablegen, sie beiseite legen und die Kleider aus reinem Leinen anziehen, die schon für uns bereitliegen.

Obwohl die treulose Frau von ihren Sünden und ihrer Schande reingewaschen worden war, kehrte sie wieder zu ihnen zurück, um sich erneut daran zu ergötzen. Gott hat jedem von uns einen neuen Anfang gegeben und uns in eine königliche Familie aufgenommen, indem Er einen Ehebund mit uns eingegangen ist. Es ist nicht mehr von Bedeutung, wie wir nach weltlichen oder gesetzlichen Maßstäben beurteilt werden, denn wir haben einen neuen Lebensweg vor uns. Wenn wir auf ihm gehen wollen, müssen wir das Alte hinter uns lassen und uns auf das, was vor uns liegt, konzentrieren. Wir müssen die Art und Weise, wie wir uns früher beurteilt haben, begraben. Das Alte darf nicht mit dem Neuen vermischt werden, denn in Gottes Augen ist eine solche Vermengung Ehebruch. Ein Maßstab ist gegen einen anderen ausgetauscht worden.

In welchen Bereichen hast du von den alten, weltlichen Maßstäben Gebrauch gemacht? (Zähle sie bitte auf!)

____

____

Wie oft kehrst du in Gedanken in deine Vergangenheit zurück?

____

Sind deine Ängste aus der Vergangenheit stärker als deine Furcht vor dem Herrn?

____

Bist du dir bewußt, wie bedeutungsvoll und notwendig die Furcht des Herrn ist?

____

In welchen Bereichen deines Lebens mußt du diese ewigen Werte anwenden?

____

____

Bist du bereit, diese neuen Maßstäbe auf dein Leben zu übertragen?

Wenn ja, dann bete mit mir:

Himmlischer Vater, vergib mir, daß ich untreu gewesen bin und erlaubt habe, daß die Verderbtheit dieser Welt meine Beziehung zu dir bestimmt hat. Ich trenne mich von allen falschen und trügerischen Gewichten und Maßstäben. Herr, ich möchte klar sehen und mich an deinen Maßstäben und an deiner Perspektive orientieren. Öffne meine Augen, damit mein Blick auf dich gerichtet wird und ich im Licht deiner Herrlichkeit verwandelt werde, wenn ich deine Nähe suche. Erfülle mein Leben durch den Glauben an dich, durch die göttliche Liebe und die Furcht des Herrn mit Edelmut. Ich sehne mich nach deiner Weisheit und deinem Rat. Weihe mich in deine heiligen Wege ein. Entwickle in mir die wahre Größe einer Frau, damit ich an jenem Tag, an dem alles offenbar werden wird, voller Zuversicht vor dir stehen kann. Laß mein innerstes Wesen von Wahrheit und Reinheit erfüllt sein, damit ich dich sehen kann. Amen.

Nachwort

Während ich dieses Buch schreibe, spüre ich ein starkes Drängen in meinem Geist. Es wird ein Tag kommen, ob in naher oder ferner Zukunft, an dem jeder einzelne von uns vor dem heiligen Gott des Universums stehen wird. Deshalb ist es sehr wichtig, daß wir unser Augenmerk vom „Jetzt und Heute" abwenden und auf die Ewigkeit richten.

Das ist nicht einfach, da diese ewige Weisheit auf aggressive Weise bekämpft wird. Der Geist dieser Welt hat viele von uns in eine scheinbar vorhandene Sicherheit und Bequemlichkeit eingelullt. Er hat es geschafft, daß wir uns mit anderen vergleichen und uns an den weltlichen Maßstäben orientieren. Doch die Richtschnur, nach der wir beurteilt werden, beinhaltet diese Faktoren nicht.

Unser Maßstab ist unser Meister und Herr, Jesus Christus. Seine Heiligkeit ist unerreichbar, und sie kann nur in denen gefunden werden, die sich in Christus geborgen haben. Folge Ihm nach, denn nur Er verkörpert die strahlende Herrlichkeit Gottes. Folge Ihm nach, und du wirst durch die Kraft des Heiligen Geistes in Sein Ebenbild verwandelt und umgeformt werden. In Seinem Angesicht vereinen sich Glaube, Liebe und Ehrfurcht. Dieser Anblick gibt Blinden das Augenlicht und Tauben das Hörvermögen zurück. Er macht aus steinernen Herzen weiche Herzen aus Fleisch. Wenn du dich in deinem tiefsten Inneren danach sehnst, diesen Herrn und Erlöser kennenzulernen, dann bete das nachfolgende Gebet. Ich warne dich: Sprich dieses Gebet nicht, es sei denn, du bist tatsächlich bereit, dein eigenes Leben aufzugeben und das Leben, das Er dir gibt, anzunehmen!

Liebster Vater im Himmel, Du bist so heilig, daß ich dich nicht einmal anschauen, geschweige denn mich dir nähern kann. In deiner Weisheit und Gnade hast du ein vollkommenes Opfer dargebracht, das sogar die Sünden in meinem Leben, die im dunkelsten und tiefsten Winkel meines Seins verborgen waren, auslöschen konnte. Du hast deinen einzigen Sohn geopfert, damit ich leben kann. Obwohl ich es nicht verdient habe, triumphierte deine Liebe zu mir über das Gericht. Ich lege dir mein Leben zu Füßen und kehre meinem alten, sündhaften und egoistischen Leben den Rücken. Jesus, ich nehme das Erlösungswerk am Kreuz dankbar an und gebe meine eigenen Pläne auf, damit ich deinen Willen tun kann. Wasche mich, damit ich rein vor Dir stehen kann. Ich mache dich zum Herrn meines Lebens und zum Retter meiner Seele. Ich lasse das Reich der Finsternis hinter mir, wenn ich nun in dein Königreich des Lichts eintrete. Amen.

Über die Autorin

LISA TOSCANO BEVERE hat eines der populärsten Frauenbücher der CBA (Christian Booksellers Association) mit dem Titel „Außer Kontrolle und darüber begeistert!" geschrieben. Wegen ihrer mitreißenden Art ist Lisa nicht nur bei Freizeitseminaren und Frauenkonferenzen eine gefragte Sprecherin, sondern sie wird auch häufig zu Radio- und Fernsehsendungen eingeladen.

In ihren Büchern „Außer Kontrolle und darüber begeistert!" und „Die wahre Größe einer Frau" nimmt Lisa ihre Leser mit auf eine Reise durch ihr eigenes Leben, in dem sie Krebs erfolgreich bekämpft und Eßstörungen überwunden hat und mit einigen problematischen Beziehungen fertiggeworden ist. Diese Bücher waren maßgeblich daran beteiligt, daß nicht nur zahlreiche Frauen, sondern auch Männer eine Freisetzung in ihrem Leben erfahren haben. Lisas Schreibstil ist direkt, mutig und inspirierend.

Als Rednerin hat Lisa die herausragende Fähigkeit, direkt aus ihrem Herzen zu sprechen, und dies ermutigt ihre Zuhörer, durch einen heiligen Lebensstil die Nähe Gottes zu suchen.

Lisa wohnt mit ihrem Mann John und ihren vier Söhnen in Florida.

Weiter Bücher des Adullam Verlages

Gottes Generäle
Warum sie Erfolg hatten und warum einige scheiterten
Roberts Liardon
55111 413 Seiten Hardcover DM 39,90

In diesem umfangreichen Werk hat Roberts Liardon den ansteckenden Eifer und den dynamischen Geist zwölf legendärer Erweckungsprediger, wie z.B. John G. Lake, Smith Wigglesworth, Kathryn Kuhlman, Evan Roberts und anderen eingefangen. Die historisch ergiebigen Kapitel vermitteln dem Leser einen prägnanten Einblick in die maßgeblichen Ereignisse, die die Gemeinde um die letzte Jahrhundertwende geprägt haben.

Du bist als Original geboren, stirb nicht als Kopie!
John Mason
55732 128 Seiten DM 14,80

Dieses Buch ist dazu gedacht, Durchschnittlichkeit und unerfüllte Träume endgültig aus deinem Leben hinauszubefördern. Bestsellerautor John L. Mason wird auch der „Nugget-König" genannt, denn sein Schreibstil ähnelt dem Buch der Sprüche aus der Bibel, indem er durch kurze Aussprüche zum Denken anregt, herausfordert und ermutigt. So beinhaltet dieses Buch in 52 Kapiteln Wahrheiten, die Hindernisse einreißen, damit du Vorzüglichkeit erreichst und in die ganze Fülle eintreten kannst, zu der Gott dich geschaffen hat. Gott hat dich für eine spezifische, einzigartige Aufgabe erwählt, Er will nicht, daß du eine andere Person nachahmst, sondern daß du genau das Original wirst, wozu Er dich berufen hat.

Religiöse Politik - Menschen- oder gottgefällig?
Roberts Liardon
55802 Minibuch DM 2,90

Roberts Liardon erläutert, woran man religiöse Manipulation erkennen, welche Auswirkungen sie hat und wie man sich ihrem Einflußbereich entziehen kann.

Der Ruf des Geistes
Roberts Liardon / Smith Wigglesworth
55116 179 Seiten DM 19,90

„Glaube nur!" - „Mein innerer Mensch ist tausendmal stärker als mein äußerer!" - „Angst sieht zu, Glaube springt ein!" Diese Aussagen charakterisieren den Dienst des Smith Wigglesworth, dessen Auswirkungen noch lange Zeit über seinen Tod im Jahre 1947 hinausreichen. Viele, die Wigglesworth persönlich kannten, beschreiben ihn als einen Mann mit großer Autorität und Kühnheit, der einerseits voller Barmherzigkeit war und es andrerseits verstand, seine Mitmenschen herauszufordern. Roberts Liardon hat das Leben dieses herausragenden Glaubenspredigers intensiv studiert und dessen eindrucksvollsten Botschaften in diesem Buch zusammengefaßt.

Der Preis für geistliche Kraft
Roberts Liardon
55801 37 Seiten DM 7,90

Roberts macht jedem Christen Mut durch die Aussage, daß Gott sich nicht durch das äußere Erscheinungsbild eines Menschen beeindrucken läßt, sondern daß bei Ihm allein die Bereitwilligkeit zählt, sich Ihm völlig hinzugeben. Er macht verständlich, wie wir unserem „Ego-Trip" ein Ende setzen und dem Herrn die alleinige Herrschaft in unserem Herzen einräumen können.

Die göttliche Invasionsmacht
Roberts Liardon
55803 58 Seiten DM 8,90

In diesem Buch nimmt der Autor jeden Christen in die Schule der geistlichen Kriegsführung. Meisterhaft versteht er es, den Leser einerseits herauszufordern, sich nicht länger in die Defensive drängen zu lassen, sondern in der Kraft Gottes im Kampf gegen den Feind die Initiative zu ergreifen und diesen erfolgreich und nachhaltig in die Flucht zu schlagen. Andrerseits ermutigt er die Gläubigen, sich vom Herrn rekrutieren zu lassen und sich Seiner Invasionsmacht anzuschließen, die sich in göttlichem Auftrag aufgemacht hat, die heutige Welt mit dem Evangelium zu erreichen!

Spukhäuser, Geister und Dämonen
Roberts Liardon
55804 128 Seiten DM 12,80 Sonderpreis

Dämonen existieren, und sie tun alles, was in ihrer Macht steht, um uns zu zerstören. Deshalb ist es um so wichtiger für uns als Gläubige zu wissen, welche Autorität und Kraft uns in Christus im Umgang mit den Kreaturen der Finsternis zur Verfügung steht. In seinem Namen ist es uns ein Leichtes, sie in die Flucht zu schlagen und die Menschen, die sich unter ihrer Kontrolle befinden, zu befreien.

Halte fest an Gottes Wort!
Roberts Liardon
55911 64 Seiten DM 5,90

Das Wort Gottes ist im Himmel für alle Ewigkeit festgelegt, und ebenso gültig und unantastbar ist das Wort, das der Herr uns für unser Leben und unseren Dienst zugesagt hat. Doch ob Sein Wort für uns zur greifbaren Realität auf der Erde wird hängt entschieden davon ab, ob wir als Gläubige unseren Teil erfüllen!

Vergiß nicht, was Er dir Gutes getan hat!
Roberts Liardon
55921 48Seiten DM 5,90

In diesem Buch betont Roberts Liardon, wie wichtig es ist, darauf zu achten, daß wir die Segnungen Gottes in unserem Leben nicht in Vergessenheit geraten lassen. Was wir dagegen vergessen müssen, ist unsere Vergangenheit, denn sonst wird es uns nicht möglich sein, die neuen Ziele anzusteuern, die der Herr uns steckt!

Schluß mit dem Versteckspiel
Richard Perinchief
55901 64 Seiten DM 8,90

Veränderungen werden oft als unangenehm und lästig empfunden, doch wenn wir vorankommen möchten, können wir sie nicht umgehen. Der gesamte Leib Christi befindet sich in einem ständigen Veränderungsprozeß. Pastor Perinchief beschreibt, wie Gott eine neue Generation von Gläubigen darauf vorbereitet, die Menschen in der heutigen Gesellschaft auf Ihn aufmerksam zu machen und für Ihn zu gewinnen.

Wenn Luzifer und Isebel deine Gemeinde besuchen
Dick Bernal
55931 74 Seiten DM 9,90

Dick Bernal schrieb dieses Buch aus seinen Erfahrungen, die er als Pastor einer großen Gemeinde machte, um anderen Pastoren und Leitern diese Probleme zu ersparen. Wir empfehlen dieses Buch allen, die eine leitende Position haben!

Erscheinen Herbst 1999:

Kommunikation, Sex und Geld -die drei häufigsten Ursachen für Probleme in Beziehungen zwischen Mann und Frau
von Edwin Louis Cole

Außer Kontrolle und darüber begeistert -Gott die ganze Kontrolle über dein Leben geben
von Lisa Bevere

Die Furcht des Herrn
von John Bevere

Laß los, was dich zurückhält
von John Bevere

und weitere.

Fordern Sie unseren aktuellen Katalog an, wir informieren sie gerne über weitere Projekte und Termine.